박병규와 함께

_____

_____

_____

를 꿈꾼다

박병규 & _____

싸인 _____ 싸인 _____

이재명에게 없는 것들

: 윤석열 이후를 생각한다

광주형 일자리 창안자
박병규 광산구청장

이재명에게
없는
것들

: 윤석열 이후를 생각한다

박병규 지음

해피스토리
Happistory

들어가기 전에

• • •

꾹 참았던 이야기![1]

행복한 광산구가 되었으면 좋겠습니다.

제가 광산구에서 일을 시작한 건 22년 7월1일입니다.

출근 첫날, 저의 첫 결재는 '찾아가는 경청구청장실'이었습니다. 첫날부터 저는 시민이 계시는 곳이라면 어디든 가리지 않고 다녔습니다. 길거리로, 공원으로, 시장으로, 대형마트로, 경로당으로 그 어디든 시민 여러분을 만날 수 있는 곳이라면 가리지 않고 찾아갔습니다. 구청장실에만 앉아 있어서는 여러분을 만날 수 없었기 때문입니다.

....

1) 지난 2년 간 광산구청장직을 수행하며 가장 많은 시간과 공력을 쏟은 것은 시민과의 만남이다. 시민 속으로 들어간 '찾아가는 경청구청장실'과 집단간담회 등은 150여 차례가 넘고, 여기에 구청장직통문자까지 포함하면 5000개가 넘는 민원을 받아왔다. 21개동을 순회하며 두 차례에 걸쳐 광산구정의 철학과 비전을 2시간씩 설명하고 사회적 대화에 함께할 것을 호소했다. 그 녹취록을 옮긴다.

'찾아가는 경청구청장실' 시민 말씀 경청 기회

찾아가는 경청구청장실을 추진하면서 우리 시민들의 말씀을 많이 들었습니다. 주로 생활민원이 많았습니다. 또 21개 동 행정복지센터를 찾아가 주민과의 대화를 통해 의견을 경청했습니다. 그걸 하나하나씩 해결하려 노력했고, 상당 부분 해결도 했습니다. 물론 아직도 해결하지 못해 남아 있는 것도 있습니다만 오늘은 죄송하게도 민원을 들으러 오지 않았다는 것부터 말씀드립니다. 민원이 아닌 우리 민선 8기 광산구가 앞으로 어떤 일을 하려고 하는지, 이걸 설명하려 합니다. 그래야 우리가 함께해야 할 게 어떤 것인지 알 수 있고 함께 방법도 찾을 수 있을 것 같습니다.

요즘 살만 하신가요?

요즘에 재미 좋으세요? 그냥 결론부터 말씀드려 보겠습니다. 우리 광산이 발전했으면 좋겠다. 그리고 우리 광산구민이 행복하게 잘 살았으면 좋겠다, 이걸 말씀드리겠다는 겁니다. 동의하시죠. 근데 그렇게 되려면 필요한 게 있어요. 필요한 게 뭘까요? 대통령 잘 뽑으면 잘될 것 같죠? 글쎄요. 저는 생각이 달라요. 우리가 대통령 많이 뽑아봤잖아요. 경험으로 보면 그런 적이 없고 앞으로도 그런 걸로 잘 될 리가 없지요. 시장 잘 뽑아서, 구청장 잘 뽑아서, 국회의원 잘 뽑아서, 좋아지는 것도 있지만 우리 삶이 달라지는 큰 변화는 경험하지 못했습니다. 차이는 정도의 차이지 우리 삶의 질이나 사회의 변화는 아니라는 겁니다. 그렇죠? 그러면 어떻게 하겠다는 거냐. 어떻게 할 것인지는 나중에 말씀드리고 광산발전과 시민

행복을 위해서는 우선 필요한 게 있습니다.

좋은 일자리와 사회안전망 확대가 아름다운 공동체 만들어

저는 두 가지가 필요하다고 생각합니다. 첫째는 좋은 일자리가 많아져야 합니다. 오, 많은 분께서 고개를 끄덕거리며 수긍을 해주시네요. 둘째는 사회안전망이 확대되어야 합니다. 좋은 일자리는 우리 삶을 풍요롭게할 것이고, 사회안전망은 좋은 공동체를 만드는 동력입니다.

좋은 일자리가 많이 만들어지면 빈둥빈둥 노는 사람들이 줄고, 덩달아 차별과 격차도 줄고, 더 안전하고 공정한 노동의 가치로 국가 경제의 부가 커질 것입니다. 사회 갈등비용이 절감되고, 생산성이 높아질 것입니다. 여기서 발생한 재원으로 사회안전망을 확대할 수 있습니다. 사회안전망이 더 촘촘해지고 튼튼해지면 퇴직 이후 노년에 "사는 사람은 살고 죽을 사람 죽을 수밖에 없는" 각자도생의 이 삭막하고 비참하고 비인간적인 세상에 상생과 행복이 찾아옵니다. 우리 이웃의 삶을 한 번이라도 더 돌아보며 따뜻하게 보듬고 다양성으로 포근하게 챙기는 향기 나는 아름다운 공동체로 변화될 것입니다.

생각해 봅시다. 인간이라면 누구나 나이가 듭니다. 또 장애가 생깁니다. 장애인 중 후천적 장애가 90%에 이르니 대부분 살아가면서 장애를 얻게 됩니다. 결국 나이가 많아서든 장애가 있어서든 몸이 따라주지 않습니다. 일자리를 얻기 힘들고 안정적 소득이 어렵습니다. 그렇더라도 존엄한 생활을 할 수 있어야 합니다.

국가로부터 필요 정도의 돌봄과 지원은 받을 수 있어야 합니다. 질병이나 장애로, 고령으로 소득이 어려울 때 사회안전망으로 해결할 수 있어야 합니다. 이게 가장 중요합니다. 일단 좋은 일자리를 많이 만들어서 좋은 일자리에서 일할 수 있는 환경을 만드는 게 필요하고 또 다른 하나는 일을 할 수 없을 때 생활이 가능하도록 어디서든 지원함으로서 인간의 존엄성이 해쳐지지 않도록 해야 합니다.

그럼 어떻게 가능한지, 그리고 시민 여러분께서 무엇을 해야 하는지, 오늘 이 얘기를 해보려 합니다. 그동안 제가 강조했던 소통, 혁신, 상생이라는 세 단어로 설명할 것인데요. 그 전에 우리 현실에 대해 짚어볼 게 있습니다.

국가는 부자, 국민은 가난한 대한민국

세계에는 200여 개의 나라가 있습니다. 여러분들이 생각할 때 우리 대한민국은 잘 사는 편에 속한가요? 아니면 못사는 편에 속한가요? 네 그렇죠. 잘 사는 나라입니다. 잘 살죠. 왜냐면 세계 경제 규모로 따져보면 우리나라가 10위권이니까 굉장히 잘 사는 나라에요. 상위 클래스죠. 물론 모든 국민이 동등하게 다 같이 잘 살지는 못합니다. 그래서 국가는 부자인데 국민은 가난하다는 말도 나옵니다.

하지만 다수 국민은 끼니를 걱정할 정도는 아닙니다. 아침에 쌀이 없어서 굶었다, 이런 분들은 찾아보기 힘들어요. 있지만 아주 간혹 있고요, 소수죠. 오히려 다이어트 하겠다고 안 드시는 분들이 더 많죠. 또 우리가 외국에는 자주 못 나간다고 하더라도 가까운 곳이든 먼 곳이든 국내 여행쯤은 한 번씩 다녀보셨고. 최근에는 외국 여행도 가끔이라도 가시는 분들이 꽤 있습니다. 하지만 이렇게 우리가 세계적으로 잘 사는 나라라는 평가를 받은 것은 오래되지 않았어요.

달걀 프라이 인기 도시락 반찬 불과 엊그제

불과 40~50년 전만 하더라도 당시 우리 스스로 잘사는 나라라는 생각을 하지 않았고 그런 평가도 없었습니다. 예를 들어볼까요? 40-50년 전으로 돌아가 보죠. 당시에 저는 초등학생이었는데요, 그때 쌀밥만 먹는 사람은 그렇게 많지 않았어요. 잡곡밥을 먹었죠. 주변에서도 보리밥을 많이 먹었습니다. 도시락도 쌀밥만 싸 오는 학생이 거의 없었습니다. 잡곡밥이나 고구마와 감자를 가져오는 애들도 많았어요. 잘사는 애들은 그래도 괜찮게 도시락을 싸 왔어요.

당시 반찬이 뭐던가요? 달걀. 소시지. 멸치볶음. 네 맞습니다. 잘사는 애들은 반찬에 달걀이 있었고 소시지도 있었습니다. 멸치도 있었고요. 근데 그런 반찬은 특별해서 남학생의 경우 도시락 뚜껑을 열면 친구가 옆에서 재빠르게 다 주워 먹어버려요. 가장 인기 있었던 반찬은 달걀프라이입니다. 그래서 엄마들이 머리를 썼죠. 네 맞습니다. 뚜껑을 열자마자 친구들이 다 빼앗아 먹어버리니 엄마들이 밥밑에 달걀프라이를 깔아줬어요. 밥 위에 있으면 집어 먹어버리니까.

지금은 어떤가요. 가끔이지만 제 집 냉장고에 있는 달걀은 유통기한이 지나 버릴 때가 있습니다. 어릴 때 김을 어떻게 먹었는지 기억 난가요? 그렇죠. 여러 장으로 쪼갰죠. 너무 작아서 밥을 감쌀 수 없으니 밥 위에 올려서 기었던 기억이 납니다. 김을 잘게 찢어서 밥은 많이, 김은 조금. 이렇게 먹었잖아요. 그게 먼 옛날얘기가 아니라니까요. 그렇게 어려웠던 게 불과 50년이 채 지나지 않았어요.

그런데 지금은 어떤가요? 지금은 애들 뭐 안 먹는다고 수저 들고 쫓아 다니면서 먹여주는 나라가 됐어요. 그렇잖아요, 애들 많이 먹지 말라고 하지 않고 먹으라고, 제발 좀 먹으라고 쫓아다니죠. 심지어 밥 먹으면 뭐 사주겠다는 약속도 하고, 식당가면 자주 목격하는 장면인데요. 엄마가 밥을 떠서 아이 입에 갖다 대면 아이는 게임을 하거나 영상을 보면서 입만 벌려 받아먹습니다. 예전에 밥 먹고 뛰어다니면 어른들이 뭐라고 했어요. 그렇죠. 배 꺼진다고 뛰지 말라고 했잖아요. 우리 경험으론 밥 먹고 나서 뛰어다니면 배 꺼진다고 혼날 텐데 지금은 잘한다고 하잖아요. 단기간에 이렇게 빠른 경제성장을 이룬 나라는 대한민국이 유일합니다. 유래를 찾을 수 없을 만큼 놀라울 정도로 빠르게 우리 대한민국이 비약적으로 발전했습니다.

이유가 뭘까요? 대통령이나 정치인이 잘해서? 제가 객관식으로 문제를 내보겠습니다. 1번 대통령이 잘해서. 2번 박병규 구청장이 잘해서. 3번 동장이 잘해서. 몇 번이 답인가요? 하하하. 네, 예시에 답은 없습니다. 우리 선배님 여러분, 어르신들이 잘해서입니다.

경제성장 역군, 어르신을 공경하라

우리나라 산업발전과정을 살펴보면, 사실 해방 후 우리 경제수준은 형편없었고 산업 또한 별 볼 일 없었어요. 전쟁까지 치르고 나니 그렇지 않아도 내세울 게 없던 터에 이렇다 할 시설이 남아 있지 않았습니다. 산업기반 자체가. 원조에 많이 의지했고 경제도 취약했었는데 60년대 이후 산업화가 본격화됐어요. 60년대는 섬유나 고무나 가발이나 이런 산업 중심으로, 70년대, 80년대로 가면 중화학공업을 중심으로 성장합니다. 선박이나 기계랄지 이런 식으로. 90년와 2000년대 들어서면 휴대폰이나 자동차, 반도체 산업이 시작되고 부흥됩니다.

이런 일련의 과정을 거치며 경제발전을 해왔는데 몇 가지 특징으로 설명하기도 합니다. 첫 번째는 국가 주도로 산업을 일으켰어요. 국가 주도로. 정부가 힘이 강했죠. 경제를 시장이나 기업에 맡긴 게 아니라 경제개발 5개년 계획 등 일련의 정책을 정부가 강하게 밀고 나갔죠. 두 번째는 정부가 힘을 가지고 있을 때라 자신들이 원하는 산업과 기업을 육성할 수 있었습니다. 조그만 사업장들보다는 대기업을 집중적으로 육성했어요. 세 번째는 자원이 없다 보니 수출 중심으로 외화벌이에 나섰습니다.

한마디로 국가 주도로 대기업을 육성하고 수출 중심의 경제성장 정책을 추진했다고 할 수 있습니다.

노동자들의 장시간 저임금 토대로 이룬 비약 경제성장

반면에 노동자들은 장시간 저임금에 시달려야 했습니다. 일은 쉴 새 없이 많이 하는데 돈은 눈꼽만큼 작게 주며 허울 좋은 산업역군이라는 이름으로 경제성장을 이끌어왔단 말이에요. 노동자들의 자주적인 단결권조차도 억압하면서.

우리나라가 수출을 많이 했다고 말씀드렸는데 물건만 수출한 게 아닙니다. 사람들까지 수출했습니다. 사람들이 외국으로 나가서 많은 외화벌이를 해왔어요. 어디로 갔죠? 독일, 63년부터 광부로 7천 명이 갔어요. 65년부터 간호사가 넘어갑니다. 간호사는 1만 명이 갔어요. 또 중동에도 많이 진출했습니다. 60년대에 시작했으나 실질적으로는 70년대부턴데 사우디 등 중동으로 17만 명이 일하러 갑니다. 이때 경쟁률이 엄청 심했어요.

혹시 주변에 사우디 갔다 오신 분, 계실까요? 중동? 그때 왜 그렇게 많이 가려고 그랬냐면 국내보다 임금이 3.65배쯤 많았어요. 국내에서 백만 원을 받으면 중동에서는 365만 원을 받았습니다. 그리고 우리가 독일과 중동을 거론했습니다만 미국이나 호주에도 많이 갔습니다. 아메리칸드림이라고 하죠. 꿈을 이루려고 두 시간, 세 시간 자면서 일을 엄청나게 했어요. 그런 노력이 있었기에 대한민국이 이렇게 성장했습니다. 그 돈으로 가정경제를 꾸리고 자녀들을 학교에 보낸 것입니다. 도로를 만들고, 다리를 놓고, 수많은 공장과 건물을 지을 수 있었습니다. 그러므로 항상 우린 어르신들께 고마운 마음을 가지고 살아야 해요. 이분들이 대한민국 경제를 일으킨 주역이에요.

노인의 정의 새롭게 해야

사실 저 같은 경우는 경제 일으키는 데 공헌이 거의 없죠. 어르신들은 달라요. 가끔 학생들에게 강의할 때가 있는데요. 어딜 가든 항상 하는 질문이 있습니다. 노인의 정의를 묻습니다. 그리고 노인이란 무엇인지 새롭게 정립 해줍니다. 노인이 뭐냐고 물어보면 답변이 거의 정해져 있습니다. 늙은 사람, 나이 먹은 사람, 힘든 사람, 병든 사람 등 우리가 보호해야 할 사람이거나 스스로 경제활동을 하지 못하니 그 몫을 우리가 부담해야 할 사람으로 말이죠. 게 중에 네 가지 없는 애들은 곧 돌아가실 분이라고 합니다. 이건 점잖게 말한 겁니다. 그대로는 말 못 하겠어요.

사전적으로는 늙은 사람을 노인이라고 합니다. 그러므로 틀린 말은 아니죠. 하지만 이런 이해만으로는 우리가 좋은 공동체로 가는 길에 부족함이 많습니다. 그래서 저는 이렇게 설명합니다. "우리가 누리고 있는 이 모든 것들을 만든 사람이 노인"이다. 그렇잖아요? 우리가 쓰는 이 많은 것들이 노인들이 계셨기에 우리가 누리고 있는 거예요. 이것을 잊으면 안 됩니다. 우리의 미래가 밝아지려면 애들 교육 잘 시켜야 합니다. 노인이 늙은 사람이라고만 가르치면 힘없는 사람인 저 노인을 위해서 내 돈과 수고가 더 들어가야 한다는 생각에 불편해하고 귀찮게 여깁니다. 반대로 노인이 계셨기에 내가 존재하게 되었고 이 많은 것을 누리게 되었다고 생각하면 절대 그렇게 접근을 안 하는 거죠. 버스나 지하철을 타고 가다가도 어르신을 보면 발딱발딱 일어날 거 아니에요. 어르신께서 오시면. 노인에 대한 정의는 사회적 정의가 중요합니다.

앞으로는 제가 말씀드린 것처럼, 어른들의 역할과 공헌에 대해 알려줘야 하는 거예요. 이게 굉장히 중요합니다. 아셨죠? 지난 4,50년 동안 우리 대한민국이 경제적으로만 성장한 게 아닙니다. 정치적으로도 눈부신 발전을 합니다. 저보다 연상이신 분들은 더 잘 아실 겁니다.

막걸리 보안법이 정치적 불만 억압해

박정희, 전두환, 노태우 이때는 정치적인 의사 표현을 쉽게 못 했잖아요. 정부에 대해 불만이 있더라도 그 불만을 당당하게 말하지 못했습니다. 혹시 막걸리 보안법 들어 보셨어요? 막걸리 보안법 못 들어 보셨어요? 근데 왜 다들 모르죠? 나도 아는데. 제가 어릴 때 많이 들었던 얘기에요. 이것은 제가 지어내거나 책에서 본 얘기가 아니라 제가 어릴 때 직접 보고 들었던 것입니다. 막걸리 보안법이 뭐냐면, 정부가 잘못할 때 정부 비판을 할 수 있어야 하는데 당시에는 정부 비판 비슷한 말만 해도 잡아갈 때니까 할 말이 있어도 아무런 말을 못 했습니다. 울화통이 터져도 참을 수밖에 없었죠. 그런데 어르신들이 막걸리 한 잔 들어가면 정권의 폭

력성을 망각하고 그냥 정부 욕을 하는 거예요. 대통령까지. 그걸 누군가 듣고 신고하면 바로 잡혀가죠. 바로 끌려가는 거죠. 그때는 영장 이런 것 없이 그냥 다 잡아가는 거지. 막걸리 마시다 잡혀갔다고 해서 이것을 막걸리 보안법이라고 했습니다.

구청장 욕 맘 껏해도 되는 세상

그런데 지금은 어때요? 지금은 구청 앞에서 날마다 구청장 욕을 해도 잡아가는 사람 있어요? 없어요. 확인해 보시려면 시간 있으신 분들은 구청으로 오세요. 오셔서 구청사 앞에서 구청장 욕해도, 잡아갈 사람 한 사람도 없으니 마음껏 하셔도 됩니다. 물론 사람을 때리거나 기물을 파손하면 처벌받아요. 그러지 않고 와서 어떤 것을 요구하거나 비판하는 것은 아무 상관이 없어요. 이렇게 우리가 정치적으로 최소한 절차적 민주화가 된 거예요. 그러니까 지금 대통령이 잘하느냐 못 하느냐, 이걸 떠나서 한국 사회 자체가 많이 바뀌었다, 이런 얘기에요. 이런 걸 보면 경제적으로도 좋아졌고, 정치적으로도 좋아졌습니다.

그럼에도 문제가 있어요. 뭐가 문제냐. 큰 틀에서 보면 엄청나게 좋은 것 같은데 하나하나 작은 걸 뜯어보면 이게 또 문제가 심각하다는 겁니다.

예를 들어보겠습니다. 우리나라는 OEDC에 가입한 국가입니다. 어떤 것을 비교하려면 OECD가 기준이 되는데요. 우선 자살률이 매우 높아요. 자살률 1위에요. 2021년 기준 하루에 36.5명, 1년에 1만3352명입니다.

자살률이 매우 높죠. 그중 가장 심각한 건 노인 자살률입니다. 노인 자살률은 수십 년째 계속 1위를 달리고 있습니다. 한 번도 안 뺏기고 1위에요. 또 60대보다는 70대, 70대보다는 80대 자살률이 훨씬 더 높아요. 나라는 엄청 부자나라가 됐고 정치적으로도 민주화가 됐어요. 그런데 국민이 너무 많이 자살해요. 특히 어르신들이 계속해서 가장 많이 자살하는 이상한 나라가 됐어요. 자살하는 이유가 뭐냐, 경제적인 원인이 가장 높습니다. 경제적인 어려움으로 삶을 마감한다는 것이죠. 뭐가 이상해도 한참 이상합니다.

뿌린 대로 거둔다는 말은 노인의 힘든 현실과 맞지 않아

노인 얘기 나왔으니까 한 가지 더 말씀드리면 노인 빈곤률도 최곱니다. 노인 중 가난하신 분. 다시 말해서 노인 중위소득 미만자가 세계 1위입니다. 빈곤 탈출률도 마찬가지입니다. 가난에서 벗어나지 못한다는 얘기에요. 바닥에서 벗어나지 못하는 것도 1위. 생각해 보세요. 젊어서 고생한 덕택에 나라는 엄청 부자가 되었는데 노인이 되는 순간 이들에게 대한민국은 생존하기 가장 어려운 나라가 됐고, 가장 많은 자살을 하는 현실이 돼버렸어요. 사회 전체적으로 보면 경제적이든 정치적이든 엄청나게 발전했는데 노인이 되면 대한민국이 살기 어려운 나라가 되는 거예요. 가장 열심히 일했던, 우리가 이만큼 풍요로움을 누리게 했던 노인을 예우하는 사회가 아니라 노인이 되면 가장 살기 힘든 나라로 변하는 겁니다. 뿌린 대로 거둔다는 말은 노인의 현실에 전혀 맞지 않아요. 인지상정, 인과응보, 사필귀정이 하나도 맞지 않습니다.

윤석열 대통령이 가장 강조하는 건 공정과 상식인데요. 공정이라는 단어에는 경쟁을 함축하고 있기에 좋은 표현은 아닙니다만, 정의가 사라진 공정, 평등을 해치는 기울어진 공정 등 사회적인 논쟁거리는 예외로 하더라도 이것에도 위배 되는 것이죠.

그것만 있는 게 아니에요. 우리가 출근하거나 어딘가로 가기 위해 집에서 나올 땐 인사를 합니다. 그렇죠? 뭐라고 인사하고 나와요? 여러분은 누구에게 인사하고 나와요? 집에서 나올 때. 부모님한테든 배우자든 자식이든 누구한테든 인사를 합니다.

나, 다녀올게. 다녀오겠습니다, 하잖아요. 왜 보통 출근하는 사람들이 가족에게 다녀오겠다며 집에서 나오잖아요? 이렇게 나갔다가 다녀오지 못한 사람이 1년에 2천 명이 넘습니다. 출장 가거나 술 먹고 들어오지 않는 게 아닙니다. 뭔 얘기냐. 산재로 죽는 사람이 1년에 2천 명 이상 된다는 겁니다. 기계에 끼어 죽거나 차에 깔려 죽거나 높은 곳에서 떨어져 죽거나 불에 타서 1년에 2천 명 넘게 죽어요. 하루도 안 죽는 날이 없어요. 몇 시간에 한 명씩 계속 죽는 거예요. 이것을 산재사망률이라고 하는데 우리나라가 가장 높아요. 일하다 죽는 게 세계 최고예요.

미래가 화창한 봄날이 아니라서 아이를 안 낳아
심각한 거죠. 이렇게 심각한 문제들이 많다 보니 단군 이래 애를 제일 안 낳는다고 그러잖아요. 그렇죠? 키우는 게 힘들고 학교 보내는 것, 취업시키는 것, 결혼시키는 것 모두 자신이 없어 출생률이 제일 낮아요. 현재 0.78명. 이렇게 가면 나중에 인구 한 명도 안 남는다고 그러죠. 분명히 지난 50년 동안 어르신들이 열심히 일했습니다. 먹을 것 못 먹고, 입을 것 못 입고. 그래서 좋은 나라를 만들었는데 아이러니하게도 그분들이 노인이 되자 가장 경제적으로 어렵습니다. 이러한 이유로 자살하거나 일하다 죽는 일이 반복되고 있으며 그들의 후손들은 미래가 걱정되어 아이를 낳지 않는 이상한 나라가 되었습니다. 아이를 낳았을 때가 더 행복해진다면 아이를 낳아라, 낳지 말아라, 할 필요가 없습니다. 우리 스스로가 생각하는 미래가 화창한 봄날이 아닌지라 아이를 낳지 않는 것입니다.

학교도 마찬가집니다. 제가 어릴 적 듣던 말 중에 이런 말이 있습니다. "어느 집 아들 대학 나왔다" "누구네 엄마는 고등학교까지 나왔다". 이런 말 지금 합니까, 안 합니까? 안 하죠? 왜요? 당시에 대학 나오면 특별한 경우로 특정할 수 있었는데 지금은 대학 나오지 않은 사람 찾기가 더 어려워진 세상입니다. 당시에는 대학을 졸업한 사람이 마음만 먹으면 어디든 일할 곳이 많았습니다. 하지만 지금은 대학 나와도 갈 데가 없어요. 갈 데가. 우리 부모 세대가 어렵게 돈을 모아 자식들 키웠단 말이에요. 덕택에 우리가 건강하게 성장했고 고등교육까지 받았어요. 배운 덕택에 괜찮은 직장에 취직했고 자리들을 잘 잡았죠.

자식 세대는 우리보다 훨씬 고단하게 살아
우리 부모가 우리에게 했던 것처럼 우리도 자식들을 그렇게 키웠어요.

그런데 우리 자식 세대는 삶이 우리보다 훨씬 고단하고 못 해요. 대학이 아니라 대학원을 졸업해도 취직조차 못 해. 이렇게 심각해요. 취직 못 하니까 어때요? 연애하는 것도 자신이 없고 결혼하는 건 더더욱 어렵고. 결혼하더라도 자식을 어떻게 키워요? 그러니 출생이 안 되는 거예요. 이런 문제들로 암울한 이 현실의 원인이 무엇인지, 어떻게 해결할 건지, 이 얘기를 해보려고 해요.

통하셨나요?

앞서 말씀드린 소통, 혁신, 상생이라는 세 개의 키워드를 가지고 풀어가보겠습니다. 소통, 혁신, 상생이 무엇이고 왜 어려운 것인지, 여러분과 제가 반드시 해야 한다면 시간이 오래 걸리더라도 함께 그 해답을 찾아가는 노력이 필요합니다.

내 마음은 이게 아닌데 상대가 몰라 줄 때가 많아

먼저 소통인데요. 가족들하고 나는 소통이 너무너무 잘 된다, 이런 분 계세요? 배우자나 자식들하고 그냥 눈만 마주쳐도 너무너무 소통이 잘 되는 분, 있어요? 그렇죠. 소통이 잘 되는 가정이 별로 없습니다. 특히 오십 넘어 부부간에 소통이 잘 된다고 생각하시는 분이 있다면 광산구 보건소 내에 치매센터가 있으니 진단 받아보셔야 해요. 하하. 배우자와 소통이 잘 된다고 느끼는 분들은 스스로 매우 이기적이라고 생각하고 반성하셔야 합니다. 상대도 생각하셔야죠. 배우자는 그렇게 생각하지 않거든요. 소통이 되는 게 아니라 되는 척 연기하고 참고 사는 겁니다, 하하하.

사실 소통하는 게 상당히 힘들어요. 소통하는 게 쉽지 않아요. 남하고 뭔가 잘 통한다는 건 어려운 일입니다. 내 마음은 이게 아닌데 상대가 내 마음을 몰라 줄 때가 많잖아요. 엄마 마음이 아빠 마음이 그게 아닌데 자식이 생각할 때는 달리 생각한단 말이에요. 하지만 너무 심각하게 생각할 필요는 없습니다. 왜 그런 것인지, 또 어떻게 해야 하는지, 제가 방법을 다 알고 있고 알려드릴 테니까.

우리는 사랑받기 위해 태어난 사람

우리가 세상에 태어날 수 있었던 것은 뭐라고 생각하세요? 잘 모르세요? 내가 세상에 태어날 수 있었던 것? 엄마 아빠의 사랑. 네 좋습니다. 또요? 부모님의 불장난? 맙소사 그건 아니다. 그럼 안 되죠. 저에게 물어주실래요. 저는 사랑받기 위해 태어난 사람입니다. 왜 웃으세요, 진짠데. 하하. 농담이고요.

우리는 저마다 달랐기 때문에 태어난 것입니다. 만약 지구상에 단 한 사람이라도 나와 같은 사람이 존재하고 있었다면 우린 태어날 수 없었습니다. 모두가 다르기에 생각이 다른 건 너무나 자연스러운 것이죠.

스마트 폰에 속지 마세요

"네가 나를 모르는데 난들 너를 알겠느냐", 이런 노래 가사도 있잖아요. 거기에 내가 나를 모르기도 합니다. 자신을 아는 것도 심오한 철학이 필요하거든요. 최근에 소통이 안 된다는 분들이 부쩍 더 많아졌습니다.

저는 그 원인 중의 하나로 스마트 폰을 꼽습니다. 동의하시죠? 스마트 폰이 나온 뒤로 이 기계에 의존하는 경향이 굉장히 강해졌습니다. 이것 하나만 가지고 있으면 심심하지 않아. 시간도 잘 가요. 그런데 이런 생각이 들었어요. 우리가 스마트 폰을 사용하는 게 아니라 언젠가부터 스마트 폰이 우리를 지배하는 것 아닌가. 혹시 오늘 집에서 나올 때 신문 보신 분 있으세요? 한 사람도 없네요. 그렇죠. 그럼 어떻게 세상 소식은? 네. 맞습니다. 스마트 폰 하나만 있으면 신문보다 훨씬 더 많은 양의 정보를 신속하게 접할 수 있어 모든 게 간단히 해결됩니다. 스마트 폰으로 유튜브도 많이 보시죠? 유튜브를 한 번도 본 적이 없는 분 계세요? 없네요.

그런데 혹시 그거 아세요? 신문과 스마트 폰으로 접하는 많은 양의 정보에 어떤 차이가 있는지. 또 이것도 아세요? 가짜 뉴스가 많다는 거. 특히 유튜브는 정말 많은 문제가 있다는 거. 신문을 볼 때 내가 좋아하는 것이든 좋아하지 않는 것이든 신문에 다 나와 있기에 휘적휘적 넘기다 보면 이것도 보고 저것도 봤습니다. 내 관심이나 취향과 무관하게 보게 되었다는 겁니다.

확증편향 재생산하는 유튜브

그런데 지금은 어때요? 스마트 폰으로 뉴스를 내가 선택해서 보잖아요. 그렇죠. 내가 보고 싶은 것만 눌러서 보는 거예요. 나머지는 안 봐요. 바빠 죽겠는데 내가 다 볼 필요가 없잖아요. 그러니까 보고 싶은 것만 클릭해서 보는 거예요. 그리고 유튜브도 역시 마찬가지예요. 대부분의 유튜브가 굉장히 무논리적이고 폭력적이고 편향적이에요. 그 편향이라는 게 처음에는 제공자에 의해 나도 모르게 시작되지만, 시간이 지나면 완전히 내가 그 편향을 더 강화하죠. 뭔 얘기냐면 이 뉴스나 저기 유튜브는 알고리즘으로 정보를 쭉쭉쭉 제공을 해주거든요.

그렇다 보니 모든 사람에게 동일하게 순서대로 제공하는 게 아니라 내가 좋아하는 기사, 내가 좋아할 만한 내용의 기사와 영상 등의 유튜브를 제공합니다. 당신이 좋아할 만한 기사라고 추천되는 것 보셨잖아요. 민주당을 좋아하고 국민의힘을 싫어하는 사람에게는 계속 민주당의 정당성과 우수성만 보여주는 거예요. 이것만 보면 뭘 하든 국민의힘은 진짜 쓰레기에요 쓰레기. 반면에 국민의 힘을 좋아하고 민주당을 싫어하는 사람들은 민주당이 정권 잡으면 북한에다가 나라를 팔아넘기려 한다고 생각하게끔 만들어 버립니다. 이런 유튜브만 보는 분들의 생각에는 전라도 사람은 모두 빨갱이일 수 있죠.

제 경험담입니다. 전에 광주시청에서 일하다 임기를 마치고 백수로 지낼 적에 매일 도서관에 다닌 적이 있어요. 광주를 떠나 꽤 먼 곳 한적한 도시에서 아침마다 도서관에 갔는데요. 몇 시간 있다가 올 때도 있었지만 보통 8시간 이상은 도서관에서 어슬렁거렸습니다. 예체능에 문외한이라 주로 미술사 관련 서적을 봤는데요. 한두 시간쯤은 컴퓨터실에서 정보 검색도 하고 간단한 글을 쓰거나 자료를 모았습니다. 그렇게 몇 달을 보냈는데 특별한 경험을 하게 되었습니다. 어느 날 어떤 어르신이 매일 제 옆에서 컴퓨터 모니터를 20분 정도씩 보고 가시는 겁니다. 하루에 몇 차례씩이나요. 계속 반복해서 그러시길래 궁금해서 뭘 보시나 슬쩍 곁눈질했습니다. 그랬더니 맙소사. 유튜브를 보시는데 늘 보시는 내용이 같았고 끔찍했습니다.

어르신들 보기 편하게 큰 글씨가 자막으로 올라가는데 김대중 빨갱이, 노무현 빨갱이 이런 내용이에요. 김대중과 노무현이 국민 세금 수조 원을 북한에 다 갖다 바쳤다. 김일성 지시를 받는다. 지금은 문재인이 청와대에서 수시로 북한에 보고를 한다. 이런 내용만 계속 보시더라고요. 그러니까 그 어르신은 어떻겠어요? 생각 자체가 어떻게 되겠어요? 김대중이나 노무현 이런 사람들이 대한민국을 북한에 팔아먹으려다 실패한 것인데 지금은 문재인이 그렇게 할 수 있다는 생각을 갖게 되는 겁니다. 또 이런 사람들을 지지하는 호남 사람들은 빨갱이일 것이라고 생각하는 사람이 꽤 많이 있다는 현실이 더 슬픕니다.

우리가 세계사를 조금만 공부하면 이런 인식은 있을 수 없습니다. 왜냐면 대한민국에는 빨갱이는커녕 진보라고 할 만한 정당이나 정치인이 거의 없습니다. 대한민국 정치를 주도하는 정당은 수구와 보수의 두 개 정당만 있다고 하잖아요. 70년을 이렇게 공생하며 때로는 싸우고 때로는 타협하며 살고 있다는 겁니다. 보수는 민족과 전통을 중시하고 공동체를 지향합니다. 반면 진보는 개인주의를 지향함으로 기존의 질서에 순응하지 않고 변화시키려고 합니다. 그러므로 우리 대한민국에는 진보정당은 없고 보수정당만이 있습니다만 민족을 강조하는 것조차도 받아들이지 못한다면 그건 수구죠.

양극단 진영논리 넘어서야

우리 대한민국 사회는 이렇게 양극단으로 치닫고 있습니다. 옳고 그름보다는 진영 논리가 앞섭니다. 우리 편 아니면 나쁜 편입니다. 우리 편이 정의니 다른 편은 악입니다. 정의를 위해 다른 편은 박멸해야 합니다. 그래서 동일 행위에 대해서도 우리 편이라 생각되면 정의로운 것이고, 상대편으로 분류된 사람들의 행위는 적폐로 치부되는 것입니다.

그런데 문제는 뭐냐. 이 휴대폰이나 컴퓨터에 있는 그 기사나 그 유튜브 내용이 다 사실이거나 진실이냐? 아니에요. 거짓말이 너무 많아요. 저는 이러한 것들이 어떤 흐름으로 흘러가는지 보려고 양쪽을 다 봐요. 과장과 거짓말이 너무너무 많아. 민주당 잘했다는 것도 과장과 거짓말, 국민의힘이 잘했다는 것도 과장과 거짓말. 과장과 거짓말이 넘쳐납니다. 그런데 거짓말의 특징이 뭐냐면 거짓과 사실을 적절하게 섞어놓은 거예요. 처음부터 끝까지 거짓말만 하면 그 거짓말을 안 믿거든요. 사람들이 믿게 하려고 주장에는 거짓말이 있고, 사실도 있고 이렇게 섞어 선동하는 거예요. 섞어서. 사람들이 이런 선동에 너무너무 푹 빠져있습니다. 이런 게 굉장히 심각한 문제입니다.

"나도 잘 모르는 나!"

아까 소통이 어렵다고 그랬는데 소통이 어려운 건 상대를 몰라서 소통이 어려운 게 아니라 자기가 자기를 몰라서 소통이 어렵기도 합니다. 사람이란, 인간이란 어떤 존재인지를 잘 알아야 하거든요. 거의 모든 사람은 잘 모릅니다. 잘 몰라요. 그래서 어떤 경향이 있냐면 내가 하는 일에 대해서 비교적 공정하고 옳다는 생각을 많이 해요. 상대적으로 정의롭다고 생각하죠. 그리고 내 행동은 객관적이라는 생각을 해요. 나는 그래도 어디 한쪽에 치우치지 않았다는 생각들이 많아요. 대부분 다. 이런 게 굉장히 심각해요.

유튜브, 단순 반복의 편향 학습효과

그리고 이런 뉴스나 유튜브를 반복적으로 계속 보다 보니까 어떤 문제가 생기냐면 계속 그쪽으로 훈련이 돼가는 거예요. 어떤 훈련이 되어가느냐. 파블로프의 개처럼 훈련되어 갑니다. 파블로프라는 학자가 실험을 했어요. 혹시 개 키우시는 분 있어요? 개하고 같이 생활하시는 분? 개 없어요? 여기는? 파블로프라는 학자가 개를 데리고 실험했어요. 어느 날 사육사가 개에게 밥을 주려고 하자 개가 침을 흘리는 것을 목격한 겁니다. 그런데 사육사가 아닌 다른 사람이 같은 행동을 했는데도 침을 흘리지 않는 겁니다. 그래서 실험을 시작했습니다. 밥을 주기 전에 항상 종을 쳤어요. 종을 땡 치고 밥을 주고, 밥 줄 때마다 땡 종을 치고 밥을 줬어요. 계속 그렇게 반복했더니 밥을 안 주고 종만 쳐도 침을 흘리는 거예요. 밥을 주지 않았는데도 침을 흘리는 거죠. 종만 쳐도 침을 흘려요. 이게 단순 반복의 무서운 학습 효과예요. 우리가 뉴스 보고 유튜브 보는 것을 반복하는 거. 이 학습 효과가 개한테만 나타나는 게 아니라 사람에게도 똑같이 나타나는 거예요.

학습된 무기력이 내재된 사회

그리고 또 어떤 실험 결과가 있냐면 개를 묶어놓고 전기 충격을 해봤지. 전기 충격을 가하면 어떻게 될까요? 개가 그렇죠. 자지러질 거 아니에요. 목에 걸린 목줄이 거의 끊어질 정도로. 목 쪽에 피가 다 맺힐 정도로 도망가려고 난리를 피운단 말이에요. 전기 충격을 가하니까. 그랬는데 어느 날은 그렇게 계속하다가 목줄을 풀어놓고 전기 충격을 가한 거예요. 개가 도망갔겠어요, 안 도망갔겠어요? 그렇죠. 계속 도망가려고 발버둥 쳤는데도 단 한 번도 도망을 가지 못했기에 이번에도 못 도망간다고 생각하고 도망가지 않았어요. 그 자리에서 고통스러워하는 거예요. 단순 반복이라는 게 이렇게 무서운 거예요. 심리학에서는 학습된 무기력 효과라고 하죠.

이것은 누군가가 외부에서 충격을 가했을 때 어떤 반응을 본 건데, 파블로프 이후에 스키너라는 학자가 그걸 뛰어넘는 실험을 해봤어요. 상자에 쥐를 넣어놓고 벨을 붙여놨어요. 벨을. 그 쥐가 어떤 반응을 보이는가. 쥐가 돌아다니다 보니까 우연히 벨을 밟게 되었어요. 관찰자가 그럴 때마다 먹이를 갖다주는 거예요. 또 돌아다니던 중 벨을 밟았더니 그럴 때마다 먹이를 갖다줬어요. 이렇게 한 번 두 번 세 번 네 번 여러 번 하다 보니까 어떻게 돼요? 쥐가 알게 된 겁니다. 자주 누르는 거예요. 누르면 먹이가 온다는 것을 알게 된 것이죠.

제가 말씀드렸던 유튜브. 제일 처음에는 유튜브를 만든 사람들이 어떠한 목적을 가지고 전파했는데 지금은 우리가 찾아가서 보고 있어요. 그쪽에서 전달해 준 게 아니라 우리가 막 찾아다니고 있습니다. 계속 찾아서 보고 또 보고 하다 보니 스스로 생각이 없어지고 한쪽으로 굳어져 가는 거죠. 이러니까 소통이 안 돼요. 합리적인 대화나 토론 자체가 안 되는 거예요. 한국 사회가. 이게 큰 영향을 미치고 있어요. 이런가 하면 또 사람은 자기는 늘 객관적이라는 생각이 강하다고. 모든 사람이 그래요. 저부터도 그래요. 내가 한 행동에서 나는 그래도 객관적이다. 다른 사람보다 더 객관적이다, 이렇게 생각을 한단 말이에요. 그러다 보니까 어떤 행동을 보이냐. 자기 행동을 합리화 하며, 쟤는 좀 싸이코인데, 쟤는 끝까지 가는데 나는 그런 사람은 아니야. 이런 생각을 하는 거죠.

인지부조화가 낳은 거짓 진실

이런 사건이 있었어요. 미국에서 있었던 사건인데 혹시 종교 있으신 분 계세요? 종교. 나는 개신교다, 가톨릭이다, 불교다, 종교. 내가 믿는 종교는 사람들이 이단이다, 이런 데 있어요? 자, 손을 들어볼까요? 신천지 신도분? 그럼 jms? 없군요. 아 친구 중에는 있어요? 사람들을 만나서 얘기 하다 보면 자기 얘기를 남 얘기처럼 하더라고. 자기 얘기를 하는데 내 친구는 어떻다는 등 사람들이 이렇게 많이 말하던데요. 하하.

종교와 관련된 것이지만 종교 비판은 아닙니다. 종교를 비판하려고 그런 게 아니라 이단이라고 하는 곳에서 어떤 일이 있었는지 설명하려고 합니다. 어떤 특정 종교는 휴거가 얼마 안 남았으니까 다른 건 다 필요 없다. 와서 기도하라. 재산 다 가지고 오고, 자식이고 부모고 다 필요 없다. 이렇게 얘기하는 데도 있어요. 우리가 거기는 이단이라고 그러잖아요.

그런데 미국에서 그런 종교 집단이 있었어요. 그 사람들은 계속 모여서 기도했죠. 0년 0월 0시에 휴거가 된다고 했어요. 드디어 그날이 왔어요. 신도들이 다 모여서 기도를 열심히 했죠. 밖에서는 우리나라로 치면 kbs, mbc, kbc, 또 연합뉴스, 뉴시스, 뉴스1 등 통신사 할 것 없이 신문사 방송사가 취재하는 거예요. 진짜 저 사람들이 하늘로 올라갈까 의아해하는 마음보다 믿음이 깨졌을 때 어떤 반응을 보일지 궁금해하며 취재했어요.

드디어 0시가 됐어요. 그들은 하늘나라로 올라갔겠어요, 안 올라갔겠어요? 안 올라갔죠. 못 올라갔죠. 그러자 방송국이나 신문사 기자들은 저 사람들은 지금 멘붕이 왔을 것으로 생각했어요. 그랬을 거 아니에요. 자기들이 계속해서 하늘나라로 올라간다고 믿어왔고, 교주가 자신을 믿는 사람들만 하늘나라로 올라간다고 줄곧 얘기를 해왔으니까. 그 말을 믿고 재산이고 뭐고 다 갖다 바쳤어요. 자식이고 부모고 다 필요 없이 자기만이라도 하늘나라로 가자 그렇게 생각했는데 못 올라갔기 때문에 저 신도들은 멘붕이 와 자괴감 절망감 이런 것들에 너무 침울해 있을 것으로 생각하고 안으로 들어간 거예요.

인류 멸망 맹신한 사이비종교, 인지부조화 전형

어땠을까요? 침울해 있었을 것 같아요? 전혀 아니에요. 너무너무 기뻐하며 박수치면서 좋아해. 왜, 왜 그랬을까요? 신도들이 열심히 기도한 덕택에 신도들 외에 모든 인류가 구원받았다는 것이죠. 원래는 신도들만 살고 나머지는 다 죽어야 하는데 자신들이 기도를 열심히 해서 밖에 있는 사람들도 다 살아나게 되었다는 겁니다. 이것을 인지부조화에 의한 자기합리화라고 하죠.

아까 제가 얘기했던 게 확증편향이라면 이번 사례는 인지부조화에 의한 자기합리화입니다. 자신이 한 행동에 대해서 스스로가 있는 그대로 평가하는 게 너무 괴로우니까. 자신이 한 어떤 행동에 대해서 자기가 스스로 합리화를 해버려요. 그러잖아요. 내가 교주 말만 믿고 5년 동안 거의 미쳐있었는데 그 결과가 정말 미친 짓이라는 현실을 받아들일 수 없다는 것입니다. 현실을 인정하면 자신이 견딜 수 없을 만큼 괴로우니까 내가 미친 짓을 한 게 아니고 내가 열심히 기도한 덕택에 다른 사람들까지 살려냈다 이렇게 생각하는 거예요. 이런 사람의 심리 때문에 소통이 어려운 거예요.

100세 시대, 소통을 배웁시다

따라서 우리는 인간의 실존을 공부하고 언제나 부족한 존재임을 인정해야 하며 타인과 끊임없이 소통하려는 노력이 필요합니다. 소통하지 않으면 남은 인생이 불행해집니다. 최근 소통의 중요성이 점점 강조되고 그 영역이 넓어지고 있는 것은 인간의 수명이 길어진 것도 한 이유입니다.

인간의 수명이 길어졌습니다. 100세 시대가 왔습니다. 조만간 120세 시대가 올 겁니다. 예전에는 환갑 지나면 노인이었습니다. 얼마 지나지 않으면 대부분 돌아가셨습니다. 연세가 드신 분들은 소통할 일도 많지 않았습니다. 그래서 소통을 몰라도 큰 문제가 되지 않았습니다. 그런데 지금은 어떤가요? 어르신들이 70세가 되어도 경로당을 가지 않습니다. 왜요? 형이나 누나들이 심부름 시키니까. 하하. 80세가 되어도 대장 못합니다. 아무리 잘해봐야 중간보스자리 차지하기도 어렵습니다. 하하. 제 주변에도 80세가 한참 넘으셨는데도 현역으로 뛰시는 분들이 많습니다. 이분들 중에는 저를 어린 아이로 보는 분들도 계십니다. 당신들께 보고 하지 않는다고 역정을 내십니다. 그도 그럴 것이 당신 자식들보다 더 어리거나 그 또래 정도라 우물가 아이처럼 많이 불안해 보이나 봅니다. 또 어르신들이 얼마나 정정하시든지 저보다 기력이 더 좋으십니다.

보통 60세에 퇴직하니 40년 동안 사람들과 좋은 관계를 유지하려면 소통을 배워야 합니다. 인간다운 대접을 받으려면 소통을 잘해서 행복하게 사는 방법을 찾아야 합니다. 무슨 말이냐? 일반적으로 직장은 60세에 퇴직합니다. 남은 40년 동안 출근할 곳 없이 지냅니다. 직장에 다닐 때는 자식 생각하느라 일만 하고 살았습니다. 소통은 언감생심 생각할 겨를조차 없었습니다. 그런데 퇴직하니 집에 있는 시간이 많아졌습니다. 말이 통하는 사람이 하나도 없습니다. 예전에는 돈이라도 벌어오니 집에서 위상이라도 있었는데 지금은 수입 한 푼 없어 하루 세 끼 밥 먹는 것도 눈치 봐야 합니다. 출생률이 떨어지고 노인인구는 더 많아졌습니다.

　　이대로 가면 사회에서 공경받기는커녕 노인을 천덕꾸러기 취급할지도 모릅니다. 가족과 국가를 위해 열심히 일한 죄밖에 없는데 억울합니다. 울화통이 터집니다. 장수가 축복이 되어야 하는데, 재앙이 될 수도 있겠다는 생각에 미래가 암울해집니다. 그런데 대통령이건 구청장이건, 누구도 이런 불행을 막을 수 있을 것 같지 않습니다. 불행한 사태가 오기 전에 우리 스스로가 방법을 찾아야 하는데 그 방법이 무엇인지 또 모릅니다. 그래서 말씀드리는 겁니다. 오늘 오신 분들은 축복받으셨습니다. 방법을 알려드리겠습니다. 함께 소통만 잘하면 방법이 나옵니다.

"생각 근육 키우는 교육이 필요합니다"

　　오늘은 사람들의 심리나 행동에 대해 몇 가지를 알아감으로써 이러한 것들이 우리가 소통하는 데 조금이라도 도움이 되었으면 합니다.

나와 다른 생각이 있음을 아는 게 소통의 핵심

먼저 소통이 잘 되려면 나와 다른 생각이 있음을 알아야 합니다. 예를 들면 이런 겁니다. 나무를 그리라고 하면 소나무, 버드나무, 단풍나무, 메타세콰이어 등 다양하게 그립니다. 차를 그릴 때도 사람을 그릴 때도 모두 다르게 그릴 수 있습니다.

보물이 무엇이냐고 물으면 어떤 사람은 다이아 반지나 금과 은을, 어떤 사람은 자신이 가장 아끼는 물건을, 어떤 사람은 사랑하는 사람을 말하기도 합니다. 다름을 인정하는 사람은 소통의 길에 매우 쉽게 다가설 수 있습니다. 또 있습니다. 내가 잘 못 알고 있다는 것을 깨달을 때 소통이 됩니다. 백 원짜리 동전이 있습니다. 다섯 번을 던졌는데 모두 앞이 나왔습니다. 자 이번에 던지면 앞이 나올까요? 뒤가 나올까요? 많은 사람들이 뒤라고 하시는데 확률은 앞뒤가 똑같습니다. 도박하는 사람들이 노름판에서 헤어 나오지 못하는 이유는 모든 사건이 앞에서 일어난 사건과 독립적으로 일어난다는 확률이론의 가정을 모르기 때문입니다.

블랙스완이라고 있습니다. 말 그대로 검은 백조입니다. 백조는 모두 흰색이라고 생각하는 사람들은 이게 무슨 백조냐고 할지 모릅니다만 백조 맞습니다. 17세기 말까지 유럽 사람들은 모든 백조는 희다고 믿었습니다. 그런데 네델란드의 탐험가가 호주에서 검은 백조를 발견한 것입니다. 그러니까 우리가 모르는 사실이 많이 있다는 것은 늘 생각해야 합니다. 사람들은 스스로 이성적이라고 생각하지만 고립되는 것을 극도로 불안해합니다. 그래서 대세나 흐름에 편승합니다. 자신의 행동이 옳더라도 눈치를 봅니다. 엘리베이터를 탔는데 사람들이 전부 문 반대편을 보고 있으면 자신도 반대편을 바라봅니다. 길을 가다 가게 앞에 많은 사람이 서성거리면 자신도 걸음을 멈추고 기웃거리게 됩니다. 이것은 누구나 겪게 되는 흔한 일입니다.

이러한 점에서 유발 하라리의 지적은 매우 날카롭습니다. 사람들에게 남이 시키는 대로 살 것인지, 아니면 내 생각대로 살 것인지 물으면 모든 사람이 내 생각대로 살겠다고 한답니다. 사실은 우리 사회가 거의 모든 게 구조화되어 있어서 내 생각대로 살 수 없는데도 말입니다. 지금의 내 생각이 내 생각이 아니라 여론 주도층, 언론, 스마트폰 등에 의해 내 생각인 것처럼 착각하고 있다는 것이죠. 인간은 태어날 때부터 바른 마음을 가지고 태어나지만 무엇이 바른 마음인지는 배움을 통해 알게 된다는 말이 바로 그것입니다.

소통의 시작은 경청부터

소통에 대한 오해도 큽니다. 가까운 사이는 잘 안다는 생각에 경청을 멀리합니다. 상대에게 어떻게 설명할까에 더 많이 관심 있습니다. 생각이 같은 사람끼리 만나는 것이 소통이라고 생각하지만 그렇지 않습니다. 같은 것끼리의 만남은 머무르고 고여 있다 썩어가는 것입니다.

동종 간에는 창의성도 혁신도 없습니다. 대부분의 사람들은 소통의 출발은 경청이란 것을 알지만 정작 경청이 무엇인지는 알지 못합니다. 경청은 듣기에 앞서 나를 낮추고, 상대를 높이는 것으로 이것이 경청의 시작입니다. 상대방보다 우위에 있다는 생각은 경청을 방해합니다.

구청장 혼내는 민원인 많아

저는 현재 구청에서 함께 일하는 동료든, 시민이든 저보다 위라고 생각하며 그들의 말을 듣습니다. 그러지 않으면 대화가 어렵습니다. 사람들을 만나다 보면 여러 유형을 만나는데 그 중 최악은 보자마자 사람 속을 북북 긁는 사람입니다. 경청 구청장실을 운영한답시고 길거리나 마트 등에 앉아 있으면 가끔씩 무시하며 혼내는 분을 만납니다. "하나 마나 한 짓 하지 말라"는 사람, "보여주는 쇼하지 말고 제대로 하라"는 사람, 앉자마자 용건을 말씀하시기도 전에 "한 번 더 해먹으려면 잘하라"는 충고부터 하는 사람, "구청장 얼굴 처음 본다"며 "허구 헌 날 구청에만 앉자 있지 말라"는 사람, 가리키는 장소를 되물으면 "그것도 모르면서 구청장 하냐"고 화내며 자리를 박차고 일어서는 사람 등 정말 다양한 말로 간 쓸개를 도려냅니다.

저는 20대 초반부터 소속된 조직에서 너무 잘나갔습니다. 이름보다 의장님, 위원장님, 본부장님, 단장님, 부시장님으로 불리며 많은 사람들로부터 사랑과 감사의 말을 들으며 살았습니다. 맡은 일을 잘했고, 조직에서 모범을 보였기에 저를 존경한다는 사람들도 많았습니다. 그 정도로 잘나가는 삶을 살다가. 하하하. 지나가는 시민들께 "지금 뭣하고 자빠졌는지 모르겠다"는 말을 들으면 기분이 좋겠어요? 나쁘겠어요? 네, 좋지는 않습니다. 하하. 살다 보면 넘어질 때가 있는데 돌부리에 걸려 넘어지지, 어등산에 걸려 넘어지지 않습니다. 이런 작은 말 하나가 큰 상처가 되기도 합니다. 하지만 이런 말을 듣는 것도 구청장의 일 중 하나라는 것을 알고 하기에 화가 나는 일은 없습니다.

이청득심, 사람의 마음을 얻는 최고의 지혜

이청득심(以聽得心)이라고 했습니다. 귀 기울여 듣는 일은 사람의 마음을 얻는 최고의 지혜입니다. 만약 제가 불편해하거나 기분 나쁜 표정을 지으면 경청이 되겠어요? 민원인과 싸우고 있을 겁니다. 하하. 대화에서 어떤 게 가장 큰 영향을 미치는지 연구한 결과가 있는데 단어가 7%, 어투가 38%, 표정이 55%라고 합니다. 속이 썩어가더라도 항상 웃습니다. 하하. 상대의 말을 경청하려면 들을 준비를 하고, 상대를 나보다 높은 사람으로 인정하고, 말이 길어지더라도 말을 끊지 않는 절제와, 상대의 말을 진심으로 이해하고, 고개를 끄덕거리거나 추임새를 넣거나 메모하는 응답이 중요합니다. 사람의 심리와 행동, 그리고 소통에 대해 설명했지만 말처럼 쉽지 않습니다.

여기서 중요한 것은 좋은 사람과 소통해야지 나쁜 사람까지 소통해서는 안 된다는 것입니다. 그러므로 최소한 이런 정도의 기준을 가지고 소통했으면 합니다. 예컨대 장어가게에서 나오는데 기분 탓인지 주차장에 있는 자동차를 들 수 있을 것 같은 겁니다. 들 수 있나요? 장어가 아니라 더한 것을 먹어도 못 들죠. 기분이 그렇다고 해야 하는데 감정을 사실에 섞어서 말하면 장어 먹고 자동차를 한 손으로 들었다고 하는 것입니다.

민주주의라는 공동체가 유지 발전되려면 자신의 신념에 대해서도 늘 의심해야 합니다. 나는 항상 옳다는 생각은 오만일 가능성이 크고 소통을 가로막습니다. 다시 말씀드리지만 끝까지 경청하고 다른 게 있다면 왜 그런지 생각하고 이유를 찾아보는 것, 바로 이것이 소통의 출발입니다. 다른 의견은 천천히 말씀하셔도 늦지 않습니다. 상대가 말을 하고 있는데 내 머릿속에는 어떤 말을 할까 그것부터 생각하면 소통이 어렵습니다. 앞으로 이렇게 해주셔야 합니다. 아셨죠.

바뀌는 세상, 배움을 탐하자

두 번째 혁신입니다. 혁신이 뭘까요? 이것도 휴대폰으로 얘기해볼게요. 휴대폰 한 번 들어볼래요? 다 있죠? 자 스마트폰 아닌 분 계세요? 없네요. 이게 언제 나왔어요? 스마트폰이 나온 게 30년 넘었나요, 안 넘었나요? 언제부터 쓰셨어요? 넘었다고요? 하하 그럼 스티브 잡스보다 더 빠르네요. 혹시 잡스 누님? 언제 나왔냐면 2007년도에 만들어지고 2009년도에 우리가 만지게 됩니다. 이게 막 들어왔을 때 내가 아는 분 중에서는 제일 먼저 구입한 사람이 모 군수님입니다. 그 군수님은 처제가 사줬대요.

이걸 가지고 집으로 갔어요. 다음 날 새벽 네 시에 알람이 맞춰져 있었나 봐요. 네 시가 되자 알람이 울렸어요. 자 알람을 꺼야겠죠. 바로 꺼졌을까요? 그렇죠. 못 껐습니다. 여러분들도 다 못 껐을 거예요. 계속 알람이 울리는데 끌 수가 없는 거예요. 아무리 눌러도 꺼지질 않았습니다. 그땐 모든 휴대전화가 버튼을 누르는 거였잖아요. 마지막 방법, 어떻게 했을까요? 배터리를 뺐어요. 배터리를. 다음날도 네 시가 되니깐 또 울리는 거예요. 또. 그래서 처제에게 막 욕을 했다는 거 아닙니까. 뭐 이런 걸 사줬냐고.

왜 이 얘기를 꺼냈냐면, 우리 교육문제를 얘기하려고 그럽니다. 교육이 혁신되어야 우리 사회 혁신이 빨라집니다. 물론 꼭 교육만이 전부는 아니겠지만 상당한 게 교육에 있다는 게 제 생각입니다. 방금 말씀 드린 군수님 사례가 말해주는 것은, 배울 만큼 배운 분이지만 휴대폰 알람조차 *끄*지 못하는 게 현실이라는 겁니다. 알람 *끄*지 못하는 게 무슨 중요한 것이냐고 물을 수 있습니다. 물론 중요하지 않을 수 있습니다. 제가 강조하고 싶은 것은 아무리 공부를 잘하는 학생이라도, 또 많이 한 사람이라도 사회에 나오면 학교에서 배우지 못한 것과 알지 못한 것들이 거의 전부라는 것을 말씀드리기 위해서입니다.

학교에서 배운 걸 못 써먹는 세상

20년 전 글로벌대기업 임원의 하소연이 생각납니다. 학교에서 무엇을 가르치기에 신입사원이 들어오면 두 가지 외엔 시킬 게 없다는 겁니다. 복사하는 것과 커피 심부름. 현실은 늘 새로움을 요구합니다. 과거의 현실이란 건 없습니다. 지금 우리가 만나고 있는 이 순간도 새로운 것이고, 지금 제가 말하고 있는 이 순간도 지금까지 경험하지 못한 새로운 시간입니다. 매초를 새로운 것과 만나기 때문에 지난 것을 절대화하는 것은 한계가 있습니다. 우리의 일상은 경험하지 못한 것들과의 만남입니다. 생각해 봅시다. 지금 내가 하는 일과 관련된 질문입니다. 학교에서 배운 것으로 밥 먹고 사는 분 계세요? 학교에서 배운 걸 써먹고 있는 분? 한 분도 없잖아요? 이게 현실이에요 현실. 교육의 현실. 여러분들이 곰곰이 생각해봐요. 교육 받은 거 뭘 써먹는지. 교육받은 거 거의 쓴 게 없어요. 이래서 교육이 바뀌어야 한다는 겁니다.

그럼 어떻게 바뀌어야 하느냐? 제가 생각하는 학교는 일반적으로 많은 사람들이 생각하는 것과 좀 다릅니다. 제 경험에서 얻은 것이니 제 경험을 우선 말씀드리겠습니다. 그것보다 우선 질문부터 하나 하겠습니다. 제가 공부를 잘 했을 것 같아요? 아니면 공부를 못 했을 것 같아요? 잘했을 것 같아요? 그럼 저를 빼고 가장 공부를 잘했을 것 같은 사람은 누군가요? 동장님요? 그럼 동장님이 여기서 두 번째로 공부를 잘하셨네요. 가장 잘한 사람은 저고. 저를 빼고 가장 잘한 사람이 동장님이니까. 농담입니다. 하하.

생각이 많은 아이

저는 공부를 못했어요. 대신 생각이 많았죠. 저는 어릴 때부터 생각이 많았어요. 위로 누나와 형이 있는데 아마 그런 영향을 받은 것 같아요. 누나와 형이 보는 책들이 교과서보다 더 재밌었거든요. 그러다 보니 엉뚱한 데가 많았죠. 교과 공부가 시시해지기도 했습니다. 초등학교 고학년 때부터 삶과 죽음에 대해 극도로 많이 고민했다면 믿기지 않을 겁니다. 예컨대 죽음을 어떤 것과 바꿀 수 있는지 늘 생각했습니다. 어떤 사람. 어떤 것. 등등. 그런데 누구도 눈치를 채지 못했죠. 왜냐면 내향적이라 생각을 말이나 행동으로 보여주질 않았거든요. 지금은 사람들 앞에서 말하는 게 자연스럽지만 그때는 사람들 앞에서 말하는 것조차 많이 떨려서 쉽게 나서지 못했습니다.

늘 혼자 있을 때가 편했고 책을 보거나 상상하며 내적 성장을 많이 이루었다고 생각합니다. 행동으로 옮기진 않았지만 생각은 누구보다 멀리까지 갔습니다. 특히 수업시간에 가장 멀리까지 갔습니다. 중학교 1학년 때 일입니다. 선생님께서 수업을 하시다가 중요한 부분을 말씀하실 땐 뭐라고 하시죠? 네 맞습니다. 밑줄을 그으라고 하셨죠. 빨간 펜으로. 또 별표도. 그리고 한 번 더 강조하시며 시험에 나온다는 말씀도 빼놓지 않으셨어요.

시험에 나오는 것이 중요하다면, 시험에 나오지 않는 것은 왜 안 중요할까?
수업에 집중하다 이 말만 들으면 생각이 다른 곳으로 흘렀습니다. 예컨대 이런 것입니다. 시험에 나오는 것이 중요하다면 시험에 나오지 않는 것은 중요하지 않다는 말인가? 그럼 중요하지 않은 것을 중요한 것보다

훨씬 더 오랜 시간 말씀을 하실까? 이런 생각이 들었고요. 또 시험에 나
오면 나오는 것이지 이것이 왜 중요하다는 것인지 이해가 되지 않았습니
다. 시험에 나온다는 저것이 20년 후, 30년 후 내 인생에 있어서 어떤 영
향을 미칠까? 아무리 생각해도 별 영향이 없을 것 같은데? 이런 생각으
로 머릿속이 가득 차버려 그 다음부턴 선생님 말씀이 귀에 하나도 들어
오지 않았습니다. 그래서 시험을 치르면 일반 문제는 맞히는데 시험에 나
온다는 그 문제는 꼭 틀렸습니다.

일반적으로 선생님들은 시험성적이 좋지 않은 학생들에 대해 우호적이
지 않습니다. 매를 때릴 때가 있죠. 자신이 수업시간에 강조한 것을 학생
이 시험에서 틀리면 화가 더 많이 나 더 많이 때립니다. 많이 맞았습니다.
대 뿌리로 머리를 다다다다, 엄청 맞았죠. 맞으며 반발심도 커졌지만, 도
대체 학교에서 배워야 할 게 뭘까 생각하는 시간이 더 많아졌습니다.

생각 근육 발달하는 학교 교육 되어야

당시에는 이것저것 복잡한 생각이 많았는데 시간이 30년쯤 흐르고 많
은 경험을 통해 학교에서 꼭 두 가지 학습과 훈련이 필요하다는 결론에
다다랐습니다. 첫째는 생각하는 힘을 길러줘야 해요. 생각하는 힘이 커진
다는 것은 생각하는 근육이 발달한다는 것을 말합니다. 우리가 근육이 발
달 될수록 운동을 잘하게 되는데 다리 근육이 강하면 잘 걸을 수 있고. 팔
이나 어깨 근육이 강하면 턱걸이나 평행봉을 잘할 수 있는 것과 마찬가
지입니다. 하지만 근육이란 게 쉽게 발달하지 않습니다.

제가 집에서 TV를 치운 게 대략 27년쯤 됩니다. TV를 보지 않지만 세상 살아가는 데에는 전혀 불편함이 없습니다. 주변에서 드라마 얘길 하면 요즘 저런 게 있구나 하는 느낌 정도만 가지고 삽니다. 그래서 지인들로부터 들은 얘기입니다만 김종국은 몸을 유지하기 위해 울면서 운동을 한다고 합니다. 25년 전쯤 황신혜 씨 인터뷰가 잡지에 실렸습니다. 예전이나 지금이나 몸매가 같은 비결이 뭐냐고 묻자 오후 5시 이후에는 아무 것도 먹지 않고 눈이오나 비가 오나 하루 3시간씩 운동한다는 것이었습니다. 근육을 키운다는 건 이렇게 어려운 것입니다. 생각의 근육도 꼬리에 꼬리를 무는 질문을 통해 키워집니다. 질문은 하면할수록 생각의 근육이 커집니다.

질문할 줄 아세요?

안타깝게도 대부분의 사람들은 질문할 줄 모릅니다. 질문을 해보지 않아서입니다. 훈련되지 않아서입니다. 우린 초등학교에서부터 대학에 입학할 때까지 질문을 받았고 이에 대해 답을 하는 역할이었습니다. 이미 정답은 정해져 있었고 정답을 잘 암기했다가 시험에 응하는 사람이 우수한 성적을 받았고 모범생이라 불렸습니다. 스스로 묻고 생각하는 훈련이 되지 않은 것이죠. 무슨 소립니까, 회의나 모임에 가면 제가 질문을 얼마나 많이 하는데요, 이렇게 말씀하시는 분이 계십니다. 제가 말씀드리는 질문은 그것이 아닙니다.

자신에게 하는 질문입니다. 나는 누구인가, 나는 어떻게 살고 어떻게 죽을 것인가, 이런 질문을 말하는 것입니다. 그것만이 아닙니다. 어떤 것을 대하든 이렇게 물어야 합니다. 저건 뭐지? 왜 그럴까? 이 두 개의 질문을 교차해 달고 살면 어떤 사건과 사고를 접하더라도 헤쳐 나갈 수 있습니다. 처음 접하고 모르는 일이라도 질문을 통해 알려는 노력으로 이어지고 그 속에서 원인과 방법이 찾아집니다. 책을 보거나, 자료를 찾거나 연구와 사색을 통해 그것이 무엇이고 어떻게 해야 하는지 정립이 됩니다. 저는 책을 통해 정보나 지식을 얻기도 하지만 질문을 얻을 때가 많습니다. 저자의 주장에 동의하는 것과 별도로 다른 생각과 질문을 합니다. 저자가 노벨상을 받은 뛰어난 사람이더라도 그대로 수긍하거나 동조하며 읽지 않습니다. 제 입장에서 말을 만들어 보고 생각해 봅니다. 왜 이런 생각을 했나, 내 생각과는 다른데. 또는 응용 가능한 것이 무엇인지 궁리해 봅니다. 처음부터 끝까지 읽지 않은 책이 많지만 무엇을 말하는지 이해하면 그것으로 만족합니다.

생각하는 힘은 이성을 갖는 힘

처음에는 별것 아닌 것 같지만 막상 질문을 하다 보면 스스로 깜짝 놀랄 때가 있습니다. 오 하나님, 내가 이 질문을 한 게 맞습니까? 하하. 이런 생각이 들 때가 있다는 것이죠. 질문은 할수록 더 잘하게 됩니다. 더 잘하게 된다는 것은 훈련이 되었다는 것이고 이런 사람을 숙련된 사람, 성숙한 인간이라고 할 수 있습니다. 숙련된 사람은 질문을 통해 문제해결 능력을 키워갑니다. 숙련은 어떤 기능적인 것을 하나 하다가 두 개 할 수 있는 양적인 능력이 아닙니다. 그런 건 특정한 기능이나 기술에 불과합니다. 숙련은 새로운 상황에 질문으로 대처하는 능력입니다. 생각하는 힘은 다르게 얘기하면 이성을 갖는 힘이에요. 저 사람은 참 이성적이다, 저 사람은 이성을 상실했다. 이런 식으로 얘기하잖아요. 이것은 생각이 있는 사람, 생각이 없는 사람을 의미합니다. 어떤 말과 행동이 논리정연하면 이성적이라 하고 반대로 생각 없이 제 맘대로 행동하면 이성적이지 못한다고 합니다.

이성적이지 못한 수준을 넘어서는 행동을 뭐라고 하죠? 실성입니다. 하하하. 눈이 뒤집혀 아무도 알아보지 못하고 막가는. 질문을 통해 생각의 근육이 키워지고 생각의 근육은 숙련으로 숙련은 일상적 혁신으로 이어집니다. 혁신에 대해서는 다시 말씀드리겠지만 혁신은 방법을 달리해 더 나은 결과를 얻는 것인데 이것은 생각의 근육이 발달했을 때만이 가능합니다.

관계 맺기도 배워봅시다

두 번째는 관계 맺기입니다. 학교에는 학생 혼자 있는 게 아니잖아요. 학교에는 여러 명이 모여 있습니다. 연령이 비슷비슷한 애들과 선생님이 함께 생활합니다. 학생들끼리 관계를 어떻게 맺는 거냐, 학생하고 선생님은 관계가 어떻게 해야 되냐, 학생이 집에 가서 부모하고 관계가 어떻게 돼야 하냐, 이런 것을 학습하고 훈련해야 합니다. 그리고 시간이 지나 나이가 들어 이성 친구를 만나게 되면 연인 간의 관계는 어떻게 관계하는 건지, 배워야 합니다. 결혼하면 부부 관계에 대해, 또 어르신하고의 관계는? 자식하고 관계는? 내가 사장님이 되면 종업원 대할 때는 어떻게 하나? 직원이라면 사장님하고 관계는? 이런 거 학교에서 가르치고 훈련되어야 합니다. 내가 사장이 된다면 직원을 사장처럼 대해줘야 한다는 걸 훈련해야 하고, 직원이라면 사장의 입장에서 사고하고 실행할 수 있도록 학습되어야 합니다.

안타깝게도 대부분 이런 걸 학교에서 접하지 못합니다. 교육을 받아본 적이 없어요. 생각도 해본 적이 없습니다. 그러니 돈이 많으면 직원들 함부로 해도 된다고 생각하고, 지위가 높으면 지위가 낮은 사람들 무시하고 반말로 대해도 된다고 생각합니다. 우리가 신문이나 TV를 통해 놀라운 일을 접하는데요. 사장이나 회장님들이 차 뒷좌석에서 운전수 머리 쪽으로 발을 올리는 사람, 마음에 들지 않으면 뺨을 때리는 사장, 화가 난다고 침을 뱉고 야구방망이로 폭행을 하며 한 대 맞을 때마다 돈을 세는 사람 등 얼마나 많은 비인격적인 보도들을 접했습니까. 돈만 많지, 이렇게 무식하고 엉터리 같은 인간들이 많습니다.

직원들도 마찬가지입니다. 회사가 망하든 말든 돈만 받으면 된다는 식의 생각, 회사는 사장 재산이니 나는 관여할 바가 아니라는 생각 등등. 이래서는 안 될 거 아니에요. 관계를 어떻게 맺는지 학교에서 가르쳐줘야 하는 거예요. 학교에서.

다시 정리하면 학교에서 가르쳐야 할 혹은 훈련되어야 할 것은 생각하는 힘을 길러주는 것과 사람과 사람 간의 관계 맺는 법입니다. 저부터도 어쩌다 어른이 된 것 아닙니까. 나이가 되어 연애하고, 결혼하고, 아이를 낳았지만 어디서든 배우거나 훈련되지 않았습니다. 여기 계시는 대부분도 비슷할 겁니다. 학교와 관련된 두 가지 훈련은 어떤 선생님에게도 들은 적이 없고 어떤 책에도 없는 이야기입니다. 제가 어려서부터 학교는 뭐 하는 곳인가, 곰곰이 생각을 해왔던 것입니다. 한 마디로 질문이라는 생각을 통해 얻어낸 결론입니다.

30년 후 박병규, 그때도 구청장일까요?

자 그럼, 생각하는 힘을 갖게 되면 어떻게 되는 건지 알아봅시다. 배운 것을 실습하는 겁니다. 하하. 여러분께 묻겠습니다. 제가 구청장이 맞나요? 아니라고 생각하시는 분 있어요? 네 다 맞다고 하시네요. 다 맞아요? 그래요? 조금 있다가 다시 물을 건데 입장을 바꾸지 않으실 거죠. 네 좋습니다.

그럼 이것도 물어봅시다. 이건 뭡니까? 펜이죠. 네 다들 펜이라고 하는데 맞아요. 좋습니다. 그럼, 이 펜을 들고 10년 후에 뭐냐고 물으면 어떻게 답하실 건가요? 펜이라고요. 그럼 20년 후에는? 펜이요. 30년이 지나도? 네. 알겠습니다. 여러분은 이 펜이 지금도 펜이고 시간이 지나도 펜이라고 했습니다.

그럼 다시 묻겠습니다. 저는 10년, 20년이 지나도 구청장이 맞는 거죠? 아니라고요? 왜 아니라고 하시죠? 아니 펜은 시간이 지나도 펜이고, 저는 시간이 지나면 구청장이 아니라니 무슨 말씀입니까? 네 그렇습니다. 구청장이 아니죠.

제 스스로도 어디 가서 구청장이라 하고 또 구청장이라고 불리긴 하지만 사실은 구청장이 해야 할 일을 하는 사람이지 구청장은 아니에요. 구청장의 직무를 수행하는 사람이죠. 그 말이 그 말 같은데 뭔 시답잖은 소리를 하고 있냐고 할 수도 있습니다. 그렇지만 사실은 사실대로 알아야 합니다. 뭔 얘기냐면 구청장 직무를 수행하는 제가 언젠가는 구청장 직무를 그만 두게 될 겁니다.

그리고 우연히 길에서 여러분을 만났다고 가정해 봅시다. 여기 계신 분 중에 반가워서 박병규 씨 하고 크게 불렀어요. 제 표정이 좋을 것 같아요, 좋지 않은 것 같아요? 좋지 않을 것 같아요? 아, 그래도 구청장님이라고 불러야 한다고요. 이것이 잘못된 것입니다. 구청장이니 뭐니 했던 사람들의 생각도, 여기 계신 시민 여러분의 생각도 잘못된 겁니다.

선출직 가족이 권력 사유화하면 안돼

무슨 말이냐. 우리 대한민국은 민주공화국입니다. 모든 권력이 국민에게 있습니다. 군주정 사회에서는 왕에게 권력이 있었습니다. 왕이 죽으면 그 자식에게 권력이 승계되었습니다. 하지만 지금은 국민이 권력을 가지고 있습니다. 제아무리 국회의원을 했건 구청장을 했건 임기가 끝나면 자연인이 되는 겁니다. 이것을 서로 모르니 한 번 하면 죽을 때까지 그 자리에 있는 줄 아는 겁니다. 또 임기 중에 보세요. 선출직이 행사에 못 오면 누가 오나요? 네 부인들이 옵니다. 의원님 대신 여사님이 오셨습니다, 이렇게 소개하죠. 웃기는 짬뽕입니다. 아니 의사가 없으면 부인이 진료하고, 교사가 여행 가면 배우자가 가르칩니까? 그럼 판사가 회의 중이면 배우자가 판결을 해도 되겠네요. 개명된 사회에서 어째 정치만 이렇게 후진적인지 모르겠습니다. 이런 걸 용인하니 권력을 맘대로 사유화하고 있는 겁니다. 당사자가 못 오면 보좌관이 오든 비서가 오든 이것은 공적 임무가 되지만 우리가 위임하지도 않은 배우자가 나타나 권력을 사유화 하냐는 겁니다. 있을 수 없는 일입니다. 이것은 우리가 생각하는 힘이 있어야 바로 잡을 수 있습니다. 이런 사례는 너무 많습니다. 정신 똑바로 차립시다.

대통령이 있고 시장이 있고 구청장이 있고 국회의원이 있고 시·구의원이 있는데 그것이 그 사람과 동일 시 되는 것은 아니에요. 사람은 그 직이 해야 할 일을 하고 있는 거예요. 국회의원은 그 사람이 국회의원이라고 불리기는 하지만 국회의원이 해야 할 일을 하는 사람에 불과합니다. 그러니까 저는 구청장이라고 불리지만 구청장이 해야 할 일은 하는 사람이라는 것입니다. 제가 30년 후에 구청장이 아닌 이유입니다.

자리마다 다른 역할

생각의 힘을 통해 좀 더 들어가 봅시다. 제가 구청장 직을 수행할 수 있는 것은 여러분이 선거를 통해 일할 기회를 주신 것인데 어떤 기준으로 선택해 주셨을까요? 잘할 것 같아서? 그냥? 당을 보고? 모두 땡입니다. 그것보다 우선 알아야 할 것이 있습니다. 구청장의 직무가 어떤 것인지 알아야 합니다. 그래야 적합한 후보를 고를 수 있습니다. 구청장의 직무가 뭔지 알아야 그 직무를 가장 잘 수행할 사람을 뽑을 거 아니에요. 그렇겠죠?

그런데 우리는 어떻게 뽑아요? 아무나 찍어 줘버려요, 옆에서 부탁하면. 하하. 구청장은 구의 살림을 하는 사람이에요. 광산구청장은 광산구의 살림을 하는 사람이죠. 살림을 잘하려면 살림살이를 잘 알아야 할까요, 몰라야 할까요? 잘 알아야 하겠죠. 그렇죠, 속속들이 잘 알아야 해요.

그럼, 무엇을 잘 알아야 하고 무엇에 집중해야 합니까? 우리 구로 본다면 예산은 얼마나 있는지, 어떻게 쓰고 있는지, 공무원은 몇 명인지, 또 공무원들이 하는 일은 뭔지 이런 것도 잘 알아야지만 이건 홈페이지에만 들어가면 알 수 있는 기본적인 것입니다. 살림을 안다는 것은, 우리 구민 중에서 아픈 사람은 없는지, 배고픈 사람은 없는지, 억울한 사람은 없는지, 부당하게 피해를 보고 있거나 부당하게 이익을 취하고 있는 사람은 없는지, 또는 행정에서 행정의 지원을 통해 개선할 수 있는 문제는 없는지 등 이런 것들을 잘 알아야 해요.

구청장이 하는 일이 동네 살림을 하는 일이라면 국회의원이 하는 일은 구청장하고 완전히 달라요. 그런데 구청장 출마했다 떨어지면 국회의원 나오고 국회의원 출마했다 떨어지면 구청장 나오고, 또 떨어지면 교육감 나오고 하는 경우가 있는데 이런 것은 무개념인 사람들이 그렇게 하는 거예요. 출마는 하는데 그 직이 무엇을 하는지조차 모르며 출마하는 거죠. 구청장하고 국회의원은 완전히 다른데 그것조차 모른다고 보시면 됩니다.

42만 명 광산구, 1800명 공무원이 함께 해

우리 광산구는 인구가 42만 명입니다. 면적은 광주시의 45%입니다. 아무리 유능한 구청장도 혼자 다 할 수가 없어요. 누군가와 함께 해야 하겠죠. 누구죠. 시민과 공무원들하고 해야 되잖아요. 가장 우선적으로 1800명의 공무원과 일을 해야 합니다. 그러려면 리더십과 인사나 조직을 꿰뚫고 있어야 해요. 그러므로 인사나 조직이 뭔지 아는 사람이 구청장이 되어야 하는 거예요. 성과를 내본 사람이 당선되어야 합니다.

그런데 현실은 어떤가요? 선거 때마다 유명 정치인과 사진 찍어 홍보하고 그 사람과 가깝다는 것으로 선거를 치릅니다. 내가 어디 있다 왔으니까, 내 뒤에 누가 있으니까, 하는 말도 안 되는 엉터리 같은 말만 반복합니다. 그래도 당선되는 경우가 있습니다. 미치겠어요. 자격도 안 되는 사람들을 뽑아주니. 인사기준과 원칙도 없고. 인사를 모르니 인사 시즌이 되면 그때서야 인사 명부를 뒤적거리는 겁니다. 닥쳐서 이것저것 물어보고. 조직도 역시 마찬가지입니다.

기본적으로 조직을 분석 할 수 있어야 돼요. 이 일이 무슨 일인지, 저 일이 어떤 일인지, 이런 걸 다 알아야 되는 거예요. 시장하고 구청장은 하는 일이 사실상 똑같은 거예요. 크기만 다르지. 대통령은 조금 달라요. 거기다가 국방이나 외교나 이런 게 더해지는 거예요. 시장이나 구청장은 국방 외교 이런 것 몰라도 돼요. 그럴 거 아니에요. 국방이나 외교는 하지 않으니까. 그건 대통령이 하니까.

그러면 국회의원은 어떤 사람이 해야 하나요? 국회의원은 누가 해야 해요? 광산 사람이 해야 하겠죠? 하하. 뭐니 뭐니 해도 고향 사람이 최고지. 하하. 그럼, 국회의원은 누가 해야 합니까? 아까 말씀드렸잖아요. 국회의원이 어떤 일을 하는지부터 알아봅시다. 국회의원은 대한민국 헌법기관입니다. 헌법기관인 국회를 구성하고 있는 사람들이 바로 대한민국 국회의원이에요. 그렇죠? 헌법기관은 여의도에 있는 건물을 말하는 것이 아닙니다. 사람을 뜻하는 것이기 때문에 국회의원 한 사람 한 사람이 헌법기관입니다.

국회의원들의 중요한 업무가 법을 새로 만들거나 고치는 것입니다. 이 일이 국회의원이 하는 일의 첫 번째예요. 또 뭘 해야 되느냐. 선출된 사람들이잖아요. 국회의원들은 주민들이 뽑아주니까. 이 선출된 권력이 선출되지 않은 행정부가 하는 것에 대해서 감시나 견제를 잘해야 돼요. 장관

하려는 사람이 그 일을 할 만한 사람인가, 인사청문회를 통해서 검증을 하기도 하고. 예산도 그렇죠. 국회에서 예·결산심의를 하는 겁니다. 필요한 곳에 편성하고 계획대로 잘 쓰였는지 확인하는 것도 국회의원의 역할입니다. 필요하면 국정감사 등을 통해 나머지도 사안도 챙겨야 합니다. 이게 국회의원들이 하는 일이에요. 이게.

그러면 국회의원들이 우리 동네에 자주 와야 해요, 안 와야 해요? 자주 와야 하죠? 언제 봤는데요? 언제 봤어요? 이게 문제예요. 사실은 대한민국 국회의원 300명이 다 지역구 문제 때문에 서울 있다 광주 가고, 서울에 있다가 부산에 가고, 서울에 있다가 전주와 대구에 왔다 갔다 하는데 이건 정말 잘못된 거예요. 지금까지 우리는 국회의원이 어떤 일을 하는 사람인지 규정을 잘못하고 있는 거예요.

특정 분야 대변하는 국회의원

국회의원들은 어떤 특정 분야를 대변할 수 있는 사람이어야 합니다. 이를테면 대한민국에서 제일 중요한 게 노인 문제라면 노인과 관련된 법을 만들고 노인과 관련된 정책을 만들고 노인과 관련된 예산이 많이 집행되도록 해야 하겠다.여성 문제가 제일 중요하다면 법을 그렇게 고치고. 청소년 문제가 제일 중요하다고 했다면, 기업 하는 사람이 제일 중요해, 난 농민 문제가 제일 중요해, 나는 노동자 문제가 제일 중요해, 이런 생각과 활동을 하는 사람이 국회의원이 되어야 관련된 법안을 만드는 거예요. 관련법을 만들고 그들을 위한 정책이 수립되도록 노력하는 겁니다.

잘 뽑고 계시죠?

그런데 동네에서 맨 날 안 오냐고 찾으니 동네 애경사에 갈 수밖에 없어요. 선거 때는 문턱이 닳게 오더니 끝나고 나니 코빼기도 안 보인다는 말씀들을 하시니 안 갈수가 있나요. 동네에 가지 않으면 자기 기반이 무너져 버리는 거예요. 그런데 동네가 오죽 많아요? 그렇잖아요. 동네에는 누가 다녀야 하느냐? 저나 구의원이나 우리 공직자들이 다녀야 하는 거예요.

국회의원들은 본래의 업무를 잘할 수 있도록 우리가 밀어줘야 해요. 솔직히 말씀드리면 선출 기준부터 바꿔야 합니다. 우리는 말도 안 되는 관계를 맺습니다. 사적 관계야 다를 수 있지만 공적인 관계는 권리와 의무로 맺는 거예요. 우리는 공적인 관계를 권리와 의무로 맺는 게 아니라 정과 의리로 맺어요. 선거 때가 되면 주변에서 국회의원과 구청장 누굴 찍어달라는 강요를 받습니다. "우리 동네 사람이다" "후보가 우리 학교 동문이다" 후배든 선배든 지인이라는 사람들이 이렇게 부탁합니다. 지지를 부탁하려면 그 사람이 어떤 사람인지, 무엇을 할 수 있는지 얘기를 해야 하잖아요. 그 사람이 국회의원으로서 적합한지, 구청장 직무를 잘 수행할 수 있는지 말입니다. 그런 건 없고 그냥 몰려다니며 무조건적인 지지 호소입니다. 그렇게 떼거리로 막 몰려다닙니다. 우리 고향 사람이라고 우리 학교 출신이라며 아무 생각 말고 찍어 주라고 합니다. 그 말에 따라가는 사람이 다수입니다. 어쩌다 정신이 좀 똑바른 사람이 나올 때도 있습니다. 동향과 동문이 정치인의 자질과 무슨 상관이냐고 묻는 사람들이죠.

그러면 나머지 사람들이 뭐라고 그래요? 인정머리 없는 놈이라고 하죠. 우리 동네에서 나왔는데 안 찍어줬다고 인정머리 없는 놈이라고 해요.

그러니까 어떻게 되겠어요. 대한민국이 지금 어떻게 돌아가고 있는지. 그렇게 해서 어떤 자리에 가게 되니까, 특정한 직업을 가지고 있거나 특정한 학교 출신이거나 특정한 지역 등 특정 세력들이 다 하는 거예요. 권리와 의무로 하면 그렇게 안 된다니까요? 내가 있던 직장에서 같이 있던 사람이 나오니까 다 밀어주잖아. 우리 동네 사람들이 다 밀어주잖아. 뭐니까 다 밀어주잖아. 동문이니까 다 밀어주자, 이렇게 당선됐어요. 그럼 누굴 쓰겠어요? 자길 밀어준 사람이 누굽니까? 그러니까 대한민국 주요 보직은 누가 차지하고 있어요? 이렇게 하는 것이 문제라는 겁니다.

이런 것들을 바꿔내는 게 과제인데 그걸 어떻게 바꾸느냐. 이것을 바꾸기 위해서 법을 만들어 보자. 또는 어떤 위원회를 만들어 보자. 이렇게 해서는 안 바뀌는 것이고 접근방법을 바꿔야 해요. 그것을 일하는 방식의 변화라고 그러는데 접근하는 방법을 바꿔 문제를 해결하는 겁니다. 여기 커피 잔에 커피를 담으면 이 안에 뭐가 있겠어요. 커피, 그렇죠. 이 컵에다가 주스를 담으면 뭐가 있겠어요. 주스. 물을 담는다면 뭐가 있겠어요. 물, 그렇죠. 다 아시는 거잖아요. 똑같은 방법으로 다른 결과를 기대하는 것은 미친 짓이다. 처음과 끝을 똑같이 해놓고는 결과가 달라지길 바라는 건 미친 짓이다. 아인슈타인의 말입니다. 그렇잖아요. 우리가 물을 담았으면 계속 물만 담아 있는 것이지 물 담아놓고 이게 커피 되길 기다리는 게 말이 되나요? 그냥 물이지. 똑같은 거예요. 혁신이라는 게 이런 거예요. 접근 자체가 바뀌어야 하는 거예요. 아까 제가 말씀드렸던 구청장이나 선출직을 선출하는 것도 똑같은 거예요. 접근 자체가 바뀔 때 바뀌어요. 나중에 시간 더 되면 더 말씀드릴게요.

"서로 돕고 사는 상생, 그거 해봅시다!"

마지막, 상생 얘기해 볼게요. 상생. 상생은 뭐냐. 서로 도와가면서 잘 사는 겁니다. 아주 쉽죠. 하하. 그런데 왜 상생이 안 될까요. 상생을 가로막는 것이 있어서입니다. 우리가 어딘가를 가다가 장애물이 있으면 장애물 치우고 가야 하는 것처럼, 상생에 방해되는 장애물을 걷어내야 상생할 수 있습니다. 상생을 가로막는 것은 뭐냐.

양극화 불평등 이런 얘기들을 많이 하는데요. 또 우리나라 대표적인 문제를 불공정이랄지 불평등이랄지, 아니면 예측 불가능한 문제랄지, 또는 단절되는 거랄지 이런 것들이 상생을 가로막는 것들이거든요. 그러면 거꾸로 이걸 치우려면, 해결하려면 어떻게 해야 하겠어요. 불공정을 공정하게 하면 되는 거고, 그러겠죠? 불평등을 평등하게 하면 되는 것이고. 또 예측 불가능한 것을 예측 가능케 하는 것, 단절이 아닌 지속 가능하게 하는 것입니다. 아주 간단해요. 이렇게 하면 되는 거예요.

지금 우리는 공정합니까

우리나라가 경제적으로 정치적으로 굉장히 좋아졌는데 이러이러한 문제들이 있다고 했잖아요. 그런 걸 지금까지 방치하거나 이용한 겁니다. 우리나라는 정치인들이 자기 이해관계 속에서든. 훌륭하신 학자님들이 그랬든 간에 지속해서 접근 자체를 잘못했어요. 어떻게 했느냐. 제가 처음에 이렇게 말씀드렸어요. 결론은 좋은 일자리 창출과 사회안전망입니다. 이러한 것들은 우리 모두를 행복하게 합니다. 이런 말씀 드렸는데요. 어떤 불공정이나 불평등을 해소하려면 또 우리가 지향하는 사회안전망을 만들려면 비용, 즉 돈이 필요하잖아요. 돈이. 어르신들한테 충분하게는 아니더라도 생활하는 데 큰 불편함 없이 뭔가 지원해야 할 건데 그러려면 돈이 필요합니다. 재원을 만들어야 할 거 아니에요.

성장과 분배, 그 오래된 논쟁

어떤 분들은 재원 얘기는 별로 안 하고 아무튼 복지가 중요하다는 것만 강조합니다. 사회안전망을 강화하는 게 중요하다. 이런 얘기만 반복해요. 왜냐하면 사회안전망에 쓰일 복지 예산이 OECD 평균의 절반뿐이 안 되거든요. 그러니까 우리가 복지비용을 늘려야 된다고 생각하시는 분들이 계시고, 또 어떤 분들은 이제는 분배라며 분배를 강조하시는가 하면, 무슨 분배가 중요하다고 하나, 성장을 해야지. 빵을 크게 만들어 놔야 나눠 먹을 것이 있지. 이럽니다.

이 두 진영은 계속 다른 개념으로 싸워왔어요. 한쪽에서는 빵을 크게 키운 뒤에 나눠 먹자. 다른 한쪽에서는 빵을 키워봐야 뭔데. 나한테 왔느냐. 일단 나눠 먹고 보자. 이런 얘기였는데 시간이 많이 되었으니 한 가지만 얘기하면 이런 겁니다. 저는 우리 사회가 분배를 더 많이 해야 한다고 생각하는 사람이에요. 그렇다고 성장을 반대하거나 터부시하지 않습니다. 분배하려면 성장을 해야 합니다. 마찬가지로 분배가 잘되어야 지속가능한 성장도 가능합니다. 분배와 성장 문제를 해결할 수 있는 곳이 어떤 곳이냐. 일자리라고 생각해요. 일자리. 일자리를 통해서 분배도 성장도 다 가능하다고 생각합니다. 그러면 어떤 일자리를 어떻게 만들 것이냐는 건데요.

불평등하고 불공정한 일자리

우선 대한민국은 불평등 문제가 굉장히 심각합니다. 그중 가장 심각한 게 일자리입니다. 예를 든다면 똑같은 일을 하는데 어떤 사람은 100만 원 받을 때 어떤 사람은 20만 원 밖에 못 받아요. 평등해요? 불평등해요? 불공정해요? 공정해요? 그러잖아요. 예를 들어서 저하고 여기 계시는 선생님과 둘이 이 컵을 만들어요. 컵을. 컵을 만든 게 아니라 배달한다고 생각해 봅시다. 하루에 백 잔을 배달했어요. 근데 저는 고생했다고 20만 원을 주고 똑같이 백 잔씩 배달을 한 여기 계시는 선생님에게는 5만 원을 줘. 기분이 어떨까요? 생각해 봐요. 저는 20만 원 받았는데 여러분들은 5만 원씩 받는다고 생각해 봐요. 공정한 게임이 아니잖아요. 그런데 우리 일자리가 다 그래요.

2015년도에 제가 시에 있을 때 글로벌모터스. 저기 빛그린산업단지에 글로벌모터스가 들어가 있잖아요. 저 자동차 공장을 만들기 위해서 광주에 있는 자동차 공장들 자동차와 관련된 일을 하는 노동자 임금 조사를 다 해봤어요. 조사를 해보니까 제일 많이 받은 곳은 9,700만 원이에요. 평균이. 제일 적게 받은 데는 2200만원. 여기서 퀴즈 나갑니다. 9,700만 원 받는 사람들 일이 더 힘들겠어요? 2200만 받는 사람 일이 더 힘들겠어요? 2200만원이요? 거봐 다 알고 있잖아요. 생각해 봐요. 똑같은 일인데 어디는 9700만원을 받고 어디는 2200만 원 받아요. 근데 일은 2200만원 받는 곳이 더 힘들어요.

이게 공정이에요? 공정 하지 않잖아요. 이거 바꿔야 해요. 그러면 어떻게 바꿔야 하냐. 이런 걸 문재인 정부에서 바꿔보겠다고 했던 게 소득주도 성장인데 사실상 소득주도 성장은 실패했다는 평가를 받아야 맞을 거예요. 제가 실패했다. 이렇게까지 단정해서 얘기를 하는 건 이유가 있어요.

소득주도성장 정책이 몰랐던 '좋은 일자리'

문재인 정부에서 추진했던 소득주도성장 정책이 어떤 개념이냐면 소득 수준을 높여서. 그렇죠? 돈을 많이 벌게 해 수입이 늘어나면 당연히 돈을 많이 쓸 것이다. 돈을 많이 쓴다는 건 뭐예요? 물건 구매를 구입 많이 한다는 얘기잖아요. 물건이 잘 팔리니까 또 공장에서 물건을 더 많이 만들 것이야. 물건을 더 많이 만들려면 새롭게 공장을 지어야 하고 기계도 설치해야 하고 사람도 더 채용해야 하고 그렇죠? 거기 들어가서 일하는 사람이 또 돈을 많이 받으니 또 물건을 더 많이 살 것이다. 물건을 더 많이 사니 또 물건을 많이 만들 것이다. 물건을 많이 만들기 위해 사람을 채용할 것이다. 이런 선순환 문제로 이해했거든요.

　그런데 현실은 어떻게 되었냐. 최저임금을 2년 동안 30% 정도 올리고 나서 보니 문제가 생겼어요. 편의점에서 사람을 더 많이 쓰던가요? 커피숍에 직원을 더 많이 채용하던가요? 식당은 어땠어요? 사람들 많이 쓰던가요? 중소기업이나 자영업자들은요 30% 인건비가 올라가면 감당이 안 돼요. 어지간한 기업도 감당이 안 돼요. 그러니까 더 많이 돈을 많이 주면 물건을 많이 사서 사람들이 더 많이 채용될 것으로 생각했는데 일자리가 더 많이 만들어질 것으로 생각했는데 현실은 거꾸로 가버렸단 말이에요. 편의점 사장이 종업원 한 명 있던 거 잘라버리고 가족들끼리 그냥 같이 해버려. 이게 현실이었잖아요. 그 당시에 이런 걸 놓친 거예요. 이것은 이미 김대중 대통령 시절에 검토가 끝난 것인데, 문재인 정부에서 완전히 실수한 거예요. 이미 검토가 끝난 것을 문재인 대통령 때 시도한 겁니다.

　무턱대고 임금을 많이 올리는 정책으로는 좋은 일자리를 만들 수가 없어요. 그것은 불가능해요. 그럼 어떻게 해야 하는 거냐. 이 격차를. 좀 전에 9,700만 원과 2200만 원을 얘기했는데 격차는 결국 사회 임금을 가지고 맞춰야 해요. 이 사회 임금이라는 건 우리가 보통 시장 임금 사회 임금 이렇게 나누는데 시장 임금은 회사에서 주는 월급을 시장 임금이라고 그래요. 우리가 일반적으로 알고 있는 임금이죠.

벌어진 격차, 사회임금으로 채웁시다

사회 임금은 어떤 거냐면 소득이 낮은 노동자들에게 지원하자는 것인데 우리가 생활하면서 꼭 필요한 게 집이잖아요. 집. 그렇죠? 또 아프면 병원으로 가야 하잖아요. 또 내가 애들을 키우려면 교육시켜야 하잖아요. 주거나 의료나 교육에 대해 사회임금을 지원해줘야 해요. 정부가. 대신 대기업이나 공기업, 그리고 공무원들은 안 해줘도 돼요. 규모가 작거나 임금 수준이 낮은 곳에서 일하는 사람들한테는 그런 지원을 통해서 이 격차를 줄여줘야 해요. 이 격차를.

하지만 격차를 한 번에 다 맞출 수가 없어요. 이런 계획은 10년 아무리 잘해도 10년 갖고도 사실 힘들기에 한 20년 계획으로 이렇게 맞춰야 해요. 사회임금을 적용해야 젊은 친구들이 대기업만 가려고, 공무원만 하려고, 판사만 하려고, 검사만 하려고, 의사만 하려고 노력 안 해요. 그렇게까지 안 하더라도 이 정도 직장이면 살아가는 데에는 어려움이 없어. 이러면 직장을 가게 돼 있거든요. 지금 하남공단이든 어디 공단이든 사장님들 말 들어봐요. 농사짓는 분들도 있죠. 마찬가지입니다. 외국인이 없으면 공장이 돌아가지 않고 농사를 지을 수 없어요. 일자리가 없는 게 문제가 아닙니다. 실제로 없는 게 아니라 청년들이 일자리에 들어오지는 않잖아요. 이것이 문제란 말이에요.

실패의 경험 인정하는 사회가 청년창업 활성화로 이어져

더 나아가서 이것은 좀 복잡한 문제이기는 한데 창업의 기회를 많이 쥐야 해요. 창업에. 제도적인 문제는 나중에 얘기할게요. 창업하다 실패해도 혼자만 책임지는 게 아니라 국가적인 사회적인 제도적 뒷받침이 있어야 합니다. 실패를 하나의 경험으로 인정하는 사회가 되어야 합니다. 이렇게 할 때 청년창업이 활성화되고 일자리가 계속 만들어집니다. 앞으로 어르신들이 행복해지려면 지금보다 훨씬 더 복지 예산을 늘려야 된다고 생각해요. 복지 예산 많이 늘려야 해요. 그래야 노인 빈곤이나 노인 자살이 줄어들지. 또 출산률도 높아지지. 지금처럼 해서는 해결이 안 된다. 이런 얘기입니다.

같이 해요, 상생

같이 살려고 노력해야 합니다. 사회안전망 확충은 어디서 그냥 뚝딱 만드는 것이 아닙니다. 사회 임금으로 고용을 확대하고 이를 통해 더 많은 부를 창출하고 그 재원으로 사회안전망을 확충할 수 있다, 이런 얘기입니다.

그러면 대체 사회안전망은 어디까지 확대해야 하고 사회 임금은 어느 수준까지 해야 하는 거냐. 이것을 사회적 대화로 우리가 해결해야 해요. 우리 주민들이 함께 모여서 그걸 토론해야 해요.

지금 우리 민선8기 광산구가 지금 하려고 하는 이 일이에요. 그래서 동네별로 좀 더 구체적인 얘기를 시작할 겁니다. 직원이 몇 명까지 있는데에 지원해 줄 거냐. 또는 임금은 어느 수준까지 됐을 때 지원하는 게 적합하냐. 이런 것들을 우리가 토론을 통해서 그 안을 만들어서 법으로도 제도화시키고 실제 기업에서도 적용하고 또 사회안전망과 관련해서도 어르신이 됐든 장애인이 됐든 여성이 됐든, 취약계층에 대해서 지원 방안을 토론을 통해서 결정하겠다고 생각하는 게 저희의 제안입니다. 기억해 두셨다가 적극적으로 참여하셔서 의견들을 많이 말씀해 주시면 될 것 같습니다.

목차

• • •

....

1) 지난 2년 간 광산구청장직을 수행하며 가장 많은 시간과 공력을 쏟은 것은 시민과의 만남이다. 시민 속으로 들어간 '찾아가는 경청구청장실'과 집단간담회 등은 150여 차례가 넘고, 여기에 구청장직통문자까지 포함하면 5000개가 넘는 민원을 받아왔다. 21개동을 순회하며 두 차례에 걸쳐 광산구정의 철학과 비전을 2시간씩 설명하고 사회적 대화에 함께할 것을 호소했다. 그 녹취록을 옮긴다.

들어가며

● ● ●

우리가 이재명, 우리에게 없는 것들

민주주의 퇴보와 민생 실종, 그리고 지지율 20%대. 윤석열 정부 2년
민낯이다.

다음 정권은 어떤 모습이어야 할까? 실패를 반복하지 않는 정권(정부)
이 되려면 민주주의 진전과 민생회복이 무엇보다 중요하다. 이를 위해
주권자인 시민을 정치와 행정의 주인으로 세우는 진정한 민주주의를 실
현하고, 공직사회 일하는 방식의 혁신을 통해 시민과 소통하며 신뢰받
는 정부를 구현하는 것이 급선무이다. 경쟁이 아닌 협력으로 인간의 존
엄이 존중되고 보호되는 나라, 그것이 우리가 만들어가야 할 대한민국
의 내일이다.

대한민국 헌법은 대한민국의 정체성과 정신을 담고 있으며 국민의 권

리와 의무를 규정한 최고법이다. 대한민국 헌법 1조1항과 2항에는 대한민국은 민주공화국이며 대한민국의 주권은 국민에게 있고 모든 권력은 국민으로부터 나온다고 명시하고 있다. 대한민국이 왕의 나라가 아닌 국민의 나라임으로 모든 권력이 주권자인 국민에게 있음을 못 박고 있다. 그런데 우리 정치는 어떠한가. 국회결정사항을 대통령이 거부권을 앞세워 무시하는 일이 반복된다. 대통령의 거부권은 국회가 국민의 뜻을 저버리고 옳지 않은 결정을 했을 때 거부할 수 있는 권한인데 압도적 국민의 뜻에 대해서조차 권리인양 오남용하고 있다. 국민의 뜻에 반하는 결정은 어떤 이유로도 주권재민의 헌법조문을 지키지 않았다는 비판으로부터 자유로울 수 없다.

대통령만 그러한가? 소위 선출고위직의 권력사유화도 이에 못지않다. 전국 어디든 행사에 가보면 안다. 가족이 선출고위직 행세를 한다. 우리는 가족을 뽑아본 적이 없고 어떤 권한도 부여하지 않았는데 말이다. 가족 누구라도 선생님 대신 수업을, 의사 대신 수술을, 판사 대신 판결을 할 수 없듯이, 정치인의 가족도 정치인을 대체할 수 없는 건 마찬가지다. 개인 자격으로 참석하는 것이야 말릴 수 없으나 행사에 대신 참석해 앞자리에 앉고 소개받으며 인사말까지 하는 건 시대착오적이다. 시민으로부터 권한을 위임 받은 게 없는 가족이 선출직을 대신한다는 것은 헌법에 명시된 주권자인 시민을 무시하고 우롱하는 처사다. 이처럼 아직도 군주정에서 벗어나지 못한 봉건의식의 산물이 대한민국을 지배하고 있다. 찾아보면 수두룩한 폐단들은 우리 정치가 시민과 더 많이 소통하고 토론하며 대안을 찾아야 한다. 주권자인 시민이 주인이 되어야 하기 때문이다.

이 책의 제목에 '이재명'을 내세웠지만, 그것은 개인으로서의 '이재명'이 아닌, 제1야당의 대표이자, 차기 정권을 이끌 유력한 예비 권력자로서의 이재명과 이를 대체할 또 다른 이재명의 상징적 의미를 담고 있다. '김건희 특검 · 윤석열 퇴진 촛불대행진' 집회 참가자들은 '우리가 이재명이다. 검찰 표적 수사 중단하라!'고 구호를 외쳤다. 구호 속에 등장한 '이재명'은 민주시민, 민주세력을 상징한다. 자유와 인권을 보장받아야 하는 민주시민을 고유명사 '이재명'에서 일반명사 '이재명'으로 확장시킨 것이다.

이번 책은 '이재명'에게 없는 것들에 천착하였다.

정치개혁이 민주주의를 실현하고 앞당기지만, 어려운 민생과 일자리를 위한 경제개혁이 빠지면 맹탕일 수 있다. 경제개혁은 '가난하고 없는 사람'을 위한 정치다. 먹고살기 힘든 서민들의 힘겨운 삶 속에서 '민생'과 '일자리'는 '촛불시민'과 '민주세력으로 상징되는 이재명'이 주목하고 우선시 해야할 또 하나의 급한 과제이다. 누구라도 국민의 삶과 민생을 위해 헌신하겠다는 각오로 권한을 사용하고, 오직 시대적 요구에 부응하는 혁신과 포용의 리더십으로 국정을 운영해야 할 것이다.

위기는 어느 한 주체가 해결할 수 있는 문제가 아니기에 경쟁시대의 전략과 태도로는 아무 것도 이룰 수 없다. 또다시 책임자를 색출해 좌표 찍고, 반대급부로 등극한 준비되지 않은 정치집단의 무능함이 반복되어 서는 안 된다. 권력을 쥐었는데 우왕좌왕하거나 그때서야 대안을 찾겠다 는 건 무능한 정부의 책임을 다시 시민에게 지우는 것이다. 복합적 위기 상황을 극복할 대안이 없다면 이는 사람을 바꾸는 것에 머물 뿐, 사회를 바꿀 수 없다는 것을 명심해야 한다.

'우리가 이재명이다!'고 외치며 국회에 입성한 다수의 이재명들은 인 생의 대부분을 이재명과 다른 위치에서 다른 생각과 행동으로 살아왔 다. 이재명을 외면하거나 무시했을 것이다. 철학과 가치가 다른 그들에 게 이재명의 얼굴은커녕 그림자조차 볼 수 없다. 그들이 어떻게 이재명 이 될 수 있을까. 나는 '이재명에게 없는 것들'에 주목함으로써 '이재명 에게 채워야 할 것들'과 '이재명이라면 꼭 반드시 먼저 해내야 할 것들' 에 주목했다.

이 책은 이러한 고민에서 시작되었다. 나는 민주당원이자 광주광역시 광산구청장이라는 기초단체장으로서 지난 2년간 공직자 시민과 함께 부 단한 노력을 해왔다. 전국 최초로 '지속가능 일자리 특구' 지정을 통해 광 산구를 좋은 일자리 창출의 테스트베드로 삼겠다는 야심찬 목표를 세워 추진 중이다. 모두가 흑백 텔레비전의 화질과 크기로 경쟁하던 시절 누군 가는 LED 칼라 텔레비전을 꿈꾼 것처럼. 주권자인 시민께 끊임없이 묻고 들으며, 광산구 일자리 모델의 원칙과 의제를 만들어 가는 중이다.

나는 권력자나 소유자가 아닌 사회자다. 모든 것을 주권자인 시민과 함께 하는 중이고 그리하면 만들어진 일자리가 아닌 만들어가는 일자리도 얼마든지 가능하다고 믿는다. 우리의 미래세대가 정형화된 일자리에 들어가기 위해 인간의 존엄을 구기고 창의성이 결여된 좀비인간이길 바라지 않기에, 연대와 포용으로 지속가능한 상생의 일자리를 성찰하고 혁신과 협력으로 사회적 자본을 축적해 나갈 것이다. 지금 우리에게 필요한 건 '모두가 주인 되는 일자리', '함께 만들어가는 노동의 미래'다. 이 책이 그런 연대와 모색의 출발점이 되길 희망한다.

제1장

양극화는
일자리에서
비롯된다

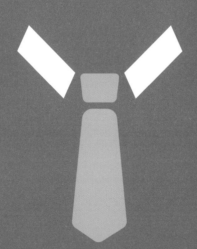

자본주의와 '돈'의 함수관계

돈을 싫어하는 사람은 없다. 돈을 싫어하는 국가도 없고 평생 돈을 쓰지 않고 살 수 있는 사람 역시 없다. 이처럼 돈은 중요하다. 특히 자본주의 국가에서 돈의 위상은 두말할 필요가 없다.

돈, 어떻게 쓰는가에 따라 달라지는 것이 분명하지만, 좋든 싫든 돈 없이 세상이 굴러갈 수는 없다. 돈 때문에 당황한 적이 없는 사람이 없고 돈 때문에 고민해보지 않은 사람은 많지 않다.

우스갯소리로 지구의 자전은 자연적 현상이 아니라 돈 때문이라는 말도 있다. 돈이 세상을 돌고 움직이게 한다는 데서 비롯된 이야기이다. 지구의 자전을 만들어 내는 것까지야 당연히 불가능하겠지만, 어찌 되었든 돈이 이 세계를 움직이게 한다는 말은 그리 틀리지 않아 보인다.

돈 때문에 사람과 사람 간의 다툼이 생기고 돈 때문에 기업과 기업이 치열하게 경쟁한다. 더 가지려는 사람은 많아도 덜 가지려는 사람은 없는 재화가 바로 돈이다. 낡은 것과 새것의 값어치가 떨어지지 않는 기묘한 실체가 '돈'이라는 재화다. 그래서 돈은 나쁘기도 하고 좋기도 한 오묘한 존재다.

선과 악의 얼굴을 동시에 가진 이 '돈'이라는 재화는 국가관계에도 대단한 영향력을 발휘한다. 그래서 양면으로 되어있는지도 모른다.

사람과 돈은 매우 비슷하다. 선과 악이라는 양면성을 동시에 지니고 있고 어떻게 말하고 어떻게 행동하는가에 따라서 받는 평가나 위상이 달라지기 때문이다.

강대국은 다른 말로 돈이 많은 국가다. 국가를 평가하는 데에도 돈이 기준이 되는 것이다.

현재는 지구를 넘어 우주를 탐하는 시대다. 누가 달을 자국의 영토로 만들 수 있는가에 욕심을 내는 중이다. 알고 보면 이 역시 돈이 가능하게 만든다. 누가 더 많은 돈을 투자하는가에 따라 우주까지도 재산으로 넘보게 된 것이다.

이렇듯 모든 인간관계와 사회관계에 이어 국가관계를 넘어 우주의 욕심까지 가능한 것이 바로 '돈'이다.

작은 눈덩이를 굴리면 큰 눈덩이가 되고 눈사람이 되는 것처럼, 돈이 눈덩이처럼 모이고 모여 만들어진 게 바로 '경제'다. 그럴 듯 포장했지만, 결국 '돈뭉치'다.

사람들은 그로부터 단순한 '돈'이 아닌 '경제' 속에서 모든 걸 판단하기 시작했다. '돈'이라는 재화가 생긴 후부터 생긴 일이니 언제부터라고 할 수 없을 만큼 오랜 전통을 가졌다. 전 세계가 돈뭉치, 즉 '경제 상황'에 운명을 건다.

뉴스에서 정치와 막상막하로 많이 다루는 분야가 바로 '경제'다.

걸핏하면 경제 전문가가 나와 브리핑하고 경제 분야만 전문으로 조사하는 기자들도 있다. 유튜브에서 경제 전문성을 내세운 방송이 인기를 얻는 이유도 그 때문이다. 그만큼 '경제' '돈'은 인간과 떨어질 수 없는 운명공동체다.

현재의 경제 상황은 세상을 움직이는 척도가 되고 한 국가를 평가하는 잣대가 된다. 자신이 사는 국가가 경제 대국이 되기를 바라는 건 모든 사람의 염원이며, 빈민국을 부러워하는 사람이 없는 이유도 그 때문이다.

세상은 사람의 생각으로 돌아가는 것이 맞지만, 사람의 생각을 현실로 반영하는 건 결국 '돈', 즉 '경제'다.

사람의 생각을 가장 효율적으로 인용해 제작된 것이 바로 돈이고 이 돈을 '경제'로 승화시키려면 꼭 필요한 게 있다. 그건 다름 아닌 '일'이다. 일이 돈을 형성하고 이 돈이 경제라는 옷을 입는 것이다.

일이 많은 국가라야, 경제가 활성화된다. 경제라는 말 자체가 일로부터 시작된다. 일의 시작은 결국 사람이다. 사람, 일, 돈, 경제라는 톱니바퀴가 이상 없이 돌아가야 안정된 국가 형성이 가능해진다. 조금이라도 어긋나게 되면 톱니바퀴는 제구실하지 못하게 된다.

빈민국은 사람은 많으나 일이 없다. 일이 없으니 돈이 돌 리 없고 경제라는 테두리를 만드는 게 불가능하다. 경제가 움직이지 않으니 실업자가 넘쳐나고 결국 빈민국의 불구덩이에서 벗어나지 못하는 것이다. 빈민국의 불명예를 벗어나려면 도움을 청할 것이 아니라, 일을 형성해야 한다. 일을 많이 만들어야 사람이 모이고 사람이 모여야 돈이 돈다. 돈이 돌아야 경제라는 말이 구축된다. 빈민국이 좀처럼 현실을 벗어나지 못하는 이유는 다름 아닌 일을 만들지 못해서다.

경제, 즉 일이 활성화되어야 국민이 불안하지 않게 살 수 있고, 국민이 편히 일하면서 살 수 있어야 온전한 선진국이다.

알고 보면 선진국은 별것 아니다. 결국, 경제 활동의 영역이 넓은 곳, 즉 일할 곳이 넉넉한 곳이 선진국이다. 이게 바로 사람과 '일'의 함수관계다.

사람과 '일'

사람들은 '돈'을 벌기 위해 '일'을 해야만 한다. 부자도 일하고 가난한 사람도 일한다. 일은 사람으로 태어나 누구나 해야 하는 의무 아닌 의무다.

일은 즐거워야 하고 행복해야 한다. 그런데 직장인 대부분은 일이 너무 좋아서 회사에 다닌다고 말하지 않는다. 그저 먹고 살기 위해 즉, 돈을 벌기 위해서 일한다고 말하는 경우가 대부분이다. 돈이 있어야 생활할 수 있고, 돈이 있어야 자식도 가르치며 돈이 있어야 인간관계가 유지되기 때문이다.

일이 단순 경제 문제를 해결하는 수완 내지는 수단이 될 수밖에 없는 상황이 되어 버린 것이 매우 안타까울 따름이다. 일은 자아의 완성을 높이는 수단이어야 함에도 현재 생활의 척도만으로 여겨지는 것이다. 하지만 그도 생각해보면, 일하는 사람들에 한해서다. 온전한 행복까지는 주지 못할지라도, 다행히 '일자리'에 안착한 사람들의 이야기다. 목표한 만큼 교육을 받고 많은 준비를 했지만, 정작 일을 갖지 못한 사람은 그조차 희망 사항일 뿐이다. 정작 일하고 싶어도 못 하는 현실과 마주하는 것이다. 말 그대로 먹고살 수단조차 막막한, 생계조차 마련하기 힘든 사람이 넘친 다는 의미다.

누구라도 돈을 벌기 위해서는 특정한 곳으로 가야 한다. 우리는 이곳을 흔히 '일자리'라고 부른다.

'일자리'란 무엇일까.

사전적으로 보자면, 몇 가지 명사로 설명하고 있다.

'생계를 꾸려나갈 수 있는 수단으로서의 직업'

'일의 결과나 성과, 일한 흔적'

이처럼 해석한다. 하지만 가장 많은 사람이 공감하는 해석은 따로 있다.

'돈을 받고 일하는 곳'

그렇다. 일자리는 돈을 벌기 위해 도착하는 곳, 흔한 말로 '직장'을 말한다. 직장을 다니는 사람인가, 어느 직장을 다니고 있는가가 상대를 가늠하는 척도가 된 지 오래다.

흔히 큰 회사에 다니고 있다고 하면 좋은 회사에 다닌다고 답하곤 한다. 틀린 칭찬이라고 할 수는 없다. 큰 회사는 여러 면에서 이점이 많은 게 사실이다.

성인이 되고 취직하면 대부분 사람은 가족보다 직장에서 보내는 시간이 더 많고, 직장 사람들과 보내는 시간 역시 훨씬 많다. 인간관계는 돈을 벌기 시작하면서 영역이 넓어진다. 즉 일자리가 생기면서 온전한 사회 구성원이 되는 것이다.

잠을 자는 시간을 제외하고 나면, 가장 많은 시간을 보내는 곳이 바로 일자리, 직장이다. 삶의 대부분을 '일자리'에서 보낸다는 거다. 일자리가 좋아야 하는, 편해야 하는 가장 근본적 이유이기도 하다.

좋은 노래, 좋은 그림, 좋은 풍경 그리고 좋은 사람이 있듯 직장에도 분명 '좋은 일자리'가 있다. 좋은 일자리는 인간의 행복을 좌지우지한다. 많은 사람이 일자리를 지켜주는 덕에 경제의 선순환이 가능한 것이다.

앉은 자리가 편해야 몸이 좋아진다고 했다. 교통수단을 이용할 때 사람들은 보다 좋은 자리에 앉으려고 한다. 하다못해 커피숍을 가더라도 보다 더 편한 자리에 앉으려고 하는 게 사람이다. 하물며 일하는 자리다. 그런데 지금까지 우리가 일해 온 자리는 그다지 편하지 않았다.

일자리는 세상을 움직이는 물적 토대로써 값어치가 매우 크다. 일자리가 많아야 사람들이 생계를 유지하고 가정을 이끄는 게 가능하다. 일자리가 온전해야 몸이 건강하고 무탈하다. 이 일자리가 불완전하면 불운이 생긴다. 병을 얻거나 심지어 사망하는 경우까지 생기기 때문이다. 이는 일자리가 양극화되고 불평등으로 점철된 곳이 많기 때문이다.

인간의 존엄과 행복 그리고 경제의 선순환을 보장하는 물적 토대는 다름 아닌 '좋은 일자리'다. '좋은 일자리'를 가진 가족 한 사람으로 인해 가족의 행복과 상황이 달라지는 경우가 아주 많다.

'좋은 일자리'는 비단 한 가족의 문제뿐만 아니라 현재 양극화로 망국에 이른 상황과 불평등을 해소할 수 있는 가장 수월한 방법이기도 하다. 어느 개인의 고민이 아니며 사회 전반적인 문제라 하겠다.

우리가 꿈꾸는 좋은 일자리는 가능한 것일까.

"느그 아부지 뭐하시노?"

지금 우리는 복합 대전환의 시대를 살아가고 있다.

몇 년 전 우리는 상상하지 못했던 세계 위기를 겪었다. 코로나19가 전 세계를 강타하면서 겪어보지 못한 많은 상황과 마주해야만 했다. 경제적 충격은 이루 말할 수 없이 컸고, 코로나 이후 누적된 우리 사회의 피로 현상은 현재까지 이어지고 있다. 전 세계 수많은 나라가 코로나 위기를 극복하고 다시 일어서고 있지만, 세계적으로 장기 불황이 계속 이어지고 있다. 양극화나 불평등은 여전히 계속되고 있고, 기후 위기 문제도 심각하게 대두하고 있다.

대한민국의 양극화 문제는 사실 심각한 사회적 이슈로 대두되고 있다. 우리나라는 경제협력개발기구(OECD) 회원국 가운데 소득 불평등이 가장 빠른 속도로 악화하고 있는 나라 가운데 하나이다. 2023년 세계불평등연구소(World Inequality Lab)에서 발표한 국가별 소득 불평등 데이터에 따르면, 2007년부터 2021년까지 우리나라 소득 최상위 1%가 전체 소득에서 차지하는 비중의 증가폭이 3.3%포인트로, 전체 소득의 11.7%를 기록했다. 이는 OECD 회원국 가운데 8.7%포인트 오른 멕시코에 이어 두 번째로 큰 증가폭인 것으로 드러났다.

이러한 최상위 계층 몫의 증가는 중하위 계층의 몫이 줄어들고 있다는 반증으로, 결국 우리나라의 소득 분배가 고르게 되고 있지 않음을 보여준다. 이 연구에 따르면, 같은 시기 우리나라와 달리 최상위 1%의 소득 비중이 늘지 않고 되레 감소한 나라가 20개에 이른 것으로 나타나 세계적인 경제위기에 '어쩔 수 없는 결과'라고 결론짓기에는 우리의 문제가 심각하다 하지 않을 수 없다. 특히 윤석열 정부 들어서 경제적 불평등과 복지에 대한 관심은 줄어들고 있다. 팬데믹에 이은 인플레와 저성장, 고금리 등 복합위기를 맞이한 윤 정부에서 우리의 불평등 지표가 어떻게 변화할지 우려하지 않을 수 없다.

이러한 양극화는 소득격차, 자산 불평등, 교육 기회의 차이 등 개인의 문제를 넘어 사회 전체의 안전성과 발전 가능성을 위협하고 있다. 소득격차의 확대는 내수 시장을 위축시키고 경제 성장을 저해할 뿐 아니라, 사회적 갈등과 불만을 증폭시킬 수 있다. 또한 기회의 불평등은 사회의 인적 자원을 효율적으로 활용하지 못하게 만들어 국가 경쟁력 저하로 이어질 수 있다.

이러한 문제는 다각적인 분석을 통해 원인을 찾아야겠지만, 무엇보다 일자리의 불평등이 사회 양극화를 부추기고 있다는 지적이다. 주된 소득의 원천인 일자리의 질과 안정성은 개인과 가구의 경제적 지위를 직접적으로 결정짓는 요인이다. 따라서 일자리 불평등은 곧 소득 불평등으로 이어지며, 이는 사회 양극화의 핵심 요소로 작용하고 있다.

이는 현대 사회에서 일자리는 단순한 소득 수단을 넘어 사회적 지위와 정체성을 형성하는 중요한 요소이다. 일자리의 질적 차이는 사회적 인식과 자아 존중감에도 영향을 미치며, 이는 사회 계층 간 심리적 격차를 심화시킬 수 있다.

"느그 아부지 뭐하시노?" 한때 누구나 따라 했던 영화 「친구」의 유명한 대사이다. 일자리의 불평등은 부모의 경제적 지위가 자녀의 지위로 이전되는 현상을 고스란히 보여주는 장면이라 할 수 있다. 좋은 일자리를 가진 부모는 자녀에게 더 나은 교육과 기회를 제공할 수 있어, 세대 간 불평등이 고착화되는 현상으로 이어진다.

일자리 시장에서의 기회 평등은 사회 이동성을 측정하는 중요한 지표이다. 일자리 불평등이 심화될수록 개인의 노력과 능력만으로는 사회경제적 지위 상승이 어려워지며, 이는 사회의 역동성과 발전 가능성을 저해하기도 한다.

이러한 일자리의 질적 차이는 사회보험, 복지혜택 등 사회 안전망에 대한 접근성의 차이로 이어진다. 이는 위기 상황에서 개인과 가구의 대응

능력에 큰 격차를 만들어 양극화를 더욱 심화시키고 있는 것이다. 이런 격차는 사회 구성원 간의 이해와 공감을 어렵게 만들어 사회 통합을 저해한다. 이는 사회적 갈등을 증폭시키고 민주주의의 기반을 약화시킬 수 있다.

일자리 불평등은 양극화의 핵심적인 요인이자 결과이다. 이를 면밀히 살펴봄으로써 양극화의 메커니즘을 보다 깊이 이해하고, 효과적인 해결책을 모색할 수 있다. 따라서 양극화 문제를 논의할 때 일자리 불평등에 주목하는 것은 매우 중요하고 필수적인 과정이라 할 수 있을 것이다.

일그러진 일자리 구조

우리의 일자리는 안녕할까.

우리나라는 지난 1997년 IMF에 구제금융을 요청하는 거대한 금융위기의 사태를 겪었다. 당시 국가 차원으로 겪은 충격은 몇 해 전 겪었던 코로나19 못지 않다. 수많은 사람이 거리로 나앉았고 상상을 초월한 국민경제의 파탄위기가 도래했었다. IMF 환란은 우리 사회에 구조조정이란 명분으로 대대적인 개혁을 단행하는 계기가 되었다. 그러나 그 이면에는 심각한 양극화를 심화시키는 구조를 만들어 놓았다.

우리가 IMF를 겪으면서 가장 크게 변화한 것이 노동과 일자리였다.

노동시장의 유연화 정책을 통해서 정규직을 비정규직으로 대체하고, 근로시간을 자유화하여 장시간 노동을 만연하게 했으며, 성과중심의 인사평가를 통해 경쟁을 심화시켰다. 이러한 변화는 고용 없는 성장으로 이어졌고, 노동시장의 이중구조화를 심화시켰다.

OECD는 '2022 한국 경제 보고서'를 통해, 임금체계, 근로조건 등에서 질적 차이가 있는 두 개의 시장으로 나뉘는 노동시장의 이중구조로 인한 대기업-중소기업간 생산성 격차 및 정규직-비정규직간 임금·사회보장 격차 확대를 지적하며, 이런 노동시장의 양극화가 사회 전체의 양극화 원인이 되고 있음을 평가했다.

▶ 노동시장 이중구조

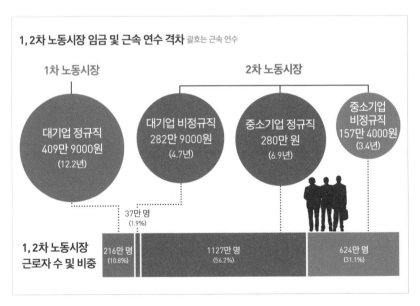

자료 : 통계청 제공(2022)

실제로 우리의 노동시장을 들여다보면, 정규직은 높은 고용안정성과 임금을 보장받는 반면, 비정규직은 고용불안정과 저임금에 시달리게 되어 있는 구조이다. 비정규직 비율이 전체 임금노동자의 40%에 육박하고, 이들의 임금은 정규직의 절반수준에 머물렀다. 특히 청년층, 여성, 고령층 등 취약계층의 비정규직 비율이 높게 나타났다.

장시간 노동은 일과 삶의 균형을 파괴하고, 건강과 가족관계를 악화시켰다. OECD 국가 중 노동시간이 가장 긴 나라로 꼽히고 있으며, 과로사와 과로자살이 사회적 문제로 대두되었다. 성과중심의 인사평가는 지나친 경쟁을 부추기고, 조직 내 협력과 신뢰를 약화시켰다. 승자독식의 보상구조는 소득불평등을 심화시키는 요인이 되었다.

이러한 일자리의 질 악화는 소득불평등과 양극화로 이어졌다. 상위 10%와 하위 10%의 소득격차는 10배 이상 벌어졌고, 중산층은 점점 얇아지고 있다. 저임금 노동자[1]의 비율이 16%[2] 수준으 근로빈곤층이 증가하고 있다. 소득불평등은 자산불평등으로 이어지고 있으며, 부의 대물림 현상이 나타나고 있다.

일자리 양극화는 노동시장 내부의 문제에 그치지 않는다. 고용불안정

....

[1] 경제협력개발기구(OECD)는 저임금 노동자를 전체 임금노동자 중위소득의 3분의 2 이하의 노동자로 정의하고 있다.

[2] 지난 정부에서 최저임금의 급속한 상승으로 저임금 노동자는 25%에서 16%로 줄어들었다.

과 저임금은 가계소득을 감소시키고, 소비를 위축시킨다. 이는 다시 내수시장을 악화시키고, 기업의 투자와 고용을 감소시키는 악순환을 만들어낸다. 또한 불안정한 고용과 소득은 결혼과 출산을 기피하게 만들어, 저출생·고령화를 가속화시키고 있다. 실업과 빈곤의 대물림은 교육격차로 이어져, 계층이동의 사다리를 차단하고 있다.

따라서 일자리 문제는 단순히 노동시장 내부의 문제가 아니라, 경제·사회 전반의 지속가능성을 위협하는 핵심적인 문제라고 할 수 있다. 일자리의 질을 개선하고, 포용적인 노동시장을 만드는 것은 양극화를 해소하고, 지속가능한 발전을 이루는 데 있어 가장 중요한 과제라고 할 수 있다.

불평등이 세습되는 사회

IMF 외환위기 이후 한국 사회가 직면한 가장 큰 문제 중 하나는 심각한 수준의 양극화 현상이다. 소득불평등이 심화되면서 중산층이 붕괴하고, 빈곤층은 증가하는 추세다. 이는 단순히 경제적 불평등의 문제를 넘어 교육, 주거, 의료 등 다양한 차원에서 나타나고 있다.

통계청 자료(2024년)에 따르면, 지난 2023년 소득 상위 20% 계층의 소득이 하위 20% 소득의 5.98배에 달하는 것으로 나타났다. 이는 IMF 외환위기 당시인 1997년 4.5배에서 크게 증가한 수치다. 소득 불평등이 고착화되고 있음을 보여주는 결과다.

▶ 소득 5분위별 소득 및 소비지출(자료: 통계청, 2024)

이러한 소득 양극화는 자산 불평등으로도 이어지고 있다. 2021년 기준 상위 10% 계층이 전체 순자산의 58%를 보유한 반면, 하위 20% 계층의 순자산은 마이너스를 기록했다(한국보건사회연구원, 2022). 부동산을 중심으로 한 자산 가격 급등이 자산 양극화를 심화시키는 주요 원인으로 꼽힌다. 자산 격차의 확대는 세대 간 부의 대물림으로 이어지면서, 사회 이동성을 저해하는 요인이 되고 있다.

소득과 자산의 양극화는 다양한 영역에서의 불평등을 초래하고 있다. 먼저 교육 격차를 들 수 있다. 부모의 소득 수준에 따라 자녀의 교육 기회와 질에 차이가 발생하고 있다. 사교육비 지출 격차는 해마다 확대되고 있으며, 이는 학업 성취도의 격차로 이어진다. 통계청 가계동향조사(2024

년)에 따르면, 2023년 소득 상위 20% 가구의 사교육비 지출은 월 평균 63만 3,000원인데 비해, 하위 20% 가구의 월평균 교육비 7만 6,000원으로 5분위 가구가 지출한 교육비의 1/8에 불과한 것으로 집계되었다.

코로나19 영향으로 지난 2020년 교육비 지출이 다소 감소하는 듯 보였으나, 이후 고소득층을 중심으로 교육비가 꾸준히 증가하고 있어 교육비 격차는 점점 커지고 있는 추세이다. 한국직업능력연구원의 '한국교육고용패널조사Ⅱ(2021)' 5차년도 패널조사 결과 발표에 따르면, 1999년생을 표본으로 추적조사한 결과 부모가 5분위인 집단의 자녀 69%가 일반대학에 진학한 반면, 부모가 1분위인 집단에서는 40%만 일반대학에 진학한 것으로 드러났다. 소득 격차에 따른 교육 격차를 해소하기 위해 다양한 장학금 혜택, 등록금 지원 정책 등 국가 수준의 지원이 이뤄지고 있지만 여전히 가정 경제환경에 따른 고등교육의 수준차이가 발생하고 있음을 여실히 보여주고 있다.

주거 불평등도 심각한 수준이다. 소득 하위 계층일수록 열악한 주거환경에 놓여있다. 2020년 주거실태조사에 따르면 소득 1분위 가구의 최저주거기준 미달 가구 비율은 23.1%로, 소득 5분위 가구(7.1%)의 3배가 넘었다. 주거비 부담도 소득 하위 계층에 집중되어 있다. 소득 대비 임대료 비율(RIR)은 소득 1분위가 46.5%로 소득 5분위(12.1%)에 비해 현저히 높은 수준이었다(국토교통부, 2020).

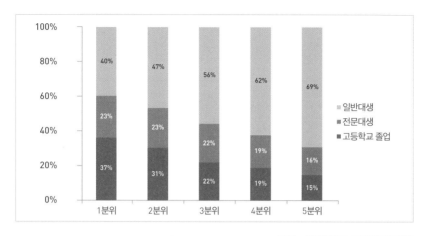

자료 : 한국직업능력연구원 제공

의료서비스 접근성에서도 격차가 나타난다. 저소득층일수록 필요한 의료서비스를 받지 못하는 미충족 의료 경험 비율이 높게 나타난다. 2021년 국민건강영양조사 결과, 소득 하위 25% 계층의 미충족 의료율은 13.5%로 상위 25% 계층(6.2%)에 비해 2배 이상 높았다. 경제적 이유로 인한 미충족 의료 경험도 저소득층에 집중되어 있다. 이는 건강 불평등으로 이어져, 기대수명의 격차로 나타난다.

이처럼 소득과 자산을 중심으로 한 경제적 양극화가 교육, 주거, 의료 등 다양한 영역에서의 불평등을 초래하고 있다. 특히 이러한 불평등이 대물림되면서 세대 간 불평등이 고착화되는 경향을 보인다. 자녀 세대로 이어지는 불평등의 연쇄는 사회통합을 저해하고, 지속가능한 발전을 어렵게 만드는 요인이 되고 있다.

'바보야, 문제는 일자리야!'

우리나라의 노동시장은 이중구조와 일자리 질의 양극화 문제가 고질적으로 존재해 왔다. 특히 비정규직 증가, 저임금 장시간 노동, 고용 불안정성 등은 소득 양극화와 불평등의 주요 원인으로 지목되어 왔다. 기업 규모별, 고용 형태별로 일자리의 질과 처우에 큰 격차가 존재하는 상황이다. 대기업 정규직에 비해 중소기업 비정규직 노동자들은 고용 불안, 저임금, 열악한 근로 여건에 시달리고 있는 실정이다.

특히 청년층의 노동시장 진입이 갈수록 어려워지고 있다. 대기업 공채 문이 좁아지면서 취업 준비 장기화와 스펙 쌓기 경쟁이 과열되고 있다. 중소기업 취업을 기피하는 현상도 심화되면서 청년실업 문제가 갈수록 심각해지고 있다. 첫 일자리의 질이 이후 경력에 미치는 영향이 큰 만큼, 청년층의 불안정한 노동시장 진입은 장기적으로 노동시장 전반의 질을 저하시키는 요인이 되고 있다는 우려가 높다.

여성 노동자들의 경력단절 문제도 여전히 해결되지 않고 있다. 출산과 육아로 인한 경력단절이 잦고, 이후 노동시장 재진입이 쉽지 않은 상황이다. 재진입 이후에도 임금 격차, 승진 차별 등 고용 차별이 만연한 것이 현실이다. 같은 직장에서 동일한 업무를 해도 남성에 비해 여성의 임금 수준이 낮은 성별 임금격차 문제도 개선되지 않고 있다.

플랫폼 노동, 프리랜서 등 새로운 고용 형태의 증가도 노동시장의 새로운 도전요인이 되고 있다. 이들은 근로자성을 인정받지 못해 사회안전망의 사각지대에 놓여있는 경우가 많다. 고용 불안정과 저임금 문제에 그대로 노출되어 있는 상황이다.

이처럼 노동시장 전반에 만연한 이중구조와 불평등, 차별의 문제는 단순히 노동의 문제에 그치지 않고 있다. 소득 양극화를 심화시키고, 청년층의 미래를 불투명하게 만들며, 성평등 실현을 저해하는 등 사회 전반에 부정적 영향을 미치고 있다. 지속가능한 경제 성장과 포용적 발전을 위해서라도 노동시장 격차 해소와 고용의 질 개선은 더 이상 미룰 수 없는 과제가 되었다.

이를 위해서는 무엇보다 정규직과 비정규직, 대기업과 중소기업간 격차 축소를 위한 노력이 필요하다. 비정규직의 정규직화, 중소기업 근로여건 개선 등을 통해 일자리간 격차를 완화해 나가야 한다. 최저임금 인상, 근로시간 단축 등 저임금 장시간 노동 관행의 개선도 지속 추진되어야 할 것이다.

청년 일자리 창출과 여성 경력단절 해소를 위한 지원책 강화도 시급하다. 중소기업 청년 취업 지원, 직업훈련 확대 등 청년층의 노동시장 진입 장벽을 낮추기 위한 정책적 노력이 강화되어야 한다. 출산휴가와 육아휴직 확대, 경력단절 예방 및 재취업 지원 강화 등을 통해 여성 경력단절 문제에도 적극 대응해 나가야 할 것이다.

무엇보다 기술 발달에 따른 일자리 변화에 선제적으로 대비하는 한편, 플랫폼 노동 등 새로운 일자리에 대한 사회적 보호 장치도 시급하다. 근로자성 인정 기준 마련, 산재보험 가입 의무화 등을 통해 이들을 사회안전망 내로 포섭하는 방안이 강구되어야 할 것이다.

나아가 장기적으로는 노동존중 문화의 정착과 노사관계의 혁신도 필요하다. 비정규직, 중소기업, 플랫폼 노동자 등 취약계층의 목소리에 귀기울이고 이들의 권익 보호를 위해 노력하는 포용적 노사관계가 구축되어야 한다. 특히, 사회적 대화와 협력을 통해 새로운 고용 환경에 맞는 상생의 노사관계 모델을 만들어 가야 할 것이다.

일자리 문제는 단순한 노동의 영역을 넘어 우리 사회의 지속가능성을 좌우하는 중대한 화두이다. 격차 해소와 차별 철폐, 포용성 제고를 통해 지속가능한 노동시장 기반을 구축하는 것은 우리 모두의 과제임이 분명하다. 상호 신뢰와 협력을 바탕으로 힘을 모아 격차와 차별 없는 일자리 질서를 만들어 간다면 우리 경제의 역동성은 물론 사회통합과 지속가능성도 한층 제고될 수 있을 것이다.

악순환되는 양극화의 고리

양극화 문제는 단순히 경제적 격차에 국한되지 않는다. 경제적 불평등이 다양한 사회적 불평등으로 전이되면서, 불평등의 악순환 구조를 만들어내고 있다.

경제적 불평등은 주거 불평등으로도 이어진다. 소득 수준에 따라 거주할 수 있는 주택의 종류와 질이 결정된다. 저소득층은 열악한 주거 환경에 놓이게 되고, 이는 건강과 교육에도 부정적 영향을 미친다. 주거 불안정은 가정생활을 어렵게 만들고, 가족 해체의 위험을 높인다.

불평등은 건강에서도 나타난다. 경제적 취약계층은 의료서비스에 대한 접근성이 낮고, 건강관리에 소홀하기 쉽다. 열악한 주거 환경과 노동조건은 건강 악화의 요인이 된다. 건강 격차는 의료비 부담으로 이어지고, 빈곤의 악순환에 빠뜨리는 원인이 된다.

또한 사회적 관계망에서의 격차도 발생한다. 경제적 격차는 사람들 간의 교류를 제한하고, 계층 간 단절을 초래한다. 사회적 자본의 불균등은 정보와 기회의 격차로 이어진다. 혼인과 가족 형성에서도 동질혼 경향이 강해지면서, 계층 간 단절이 심화되고 있다.

이처럼 양극화는 경제, 교육, 주거, 건강, 사회적 관계 등 다양한 차원에서 나타나며, 서로 맞물려 불평등의 악순환 구조를 형성하고 있다. 특정 영역에서의 불평등이 다른 영역의 불평등을 심화시키고, 이것이 다시 원래의 불평등을 강화하는 패턴이 반복된다. 다시 말해, 소득 격차가 교육 불평등을 낳고, 교육 불평등이 다시 소득과 자산의 양극화로 이어지는 악순환의 고리는 갈수록 깊어지고 있다. 이는 단순히 개인의 능력이나 노력의 차이에서 비롯된 결과라기보다 구조적이고 복합적인 요인에 의해 형성된 사회적 불평등의 결과물이라 할 수 있다.

양극화의 다차원성과 악순환의 고리를 끊어내기 위해서는 통합적이고 다층적인 접근이 필요하다. 단순히 소득 재분배뿐만 아니라, 교육, 주거, 의료, 노동 등 다양한 영역에서의 기회 균등을 보장하는 정책이 요구된다. 아울러 각 부문간 선순환 고리를 구축하여 불평등의 대물림을 차단하고 사회 통합을 도모하는 노력이 필요하다.

양극화는 단순히 양적인 격차의 문제를 넘어 우리 사회의 지속가능성을 위협하는 구조적 문제라는 점을 인식하고, 단기적 처방을 넘어 중장기적 관점에서 제도와 정책 전반을 재설계하는 혁신적 접근이 요구되는 시점이다. 다양한 영역에서의 격차 해소와 균형 발전을 통해 지속가능한 사회통합의 토대를 마련해 나가야 할 것이다.

마주한 일자리 불평등

양극화의 심화는 사회적 불만과 갈등을 증폭시키며, 정치적 장에 부정적 영향을 미친다. 불평등에 대한 인식은 상대적 박탈감과 불공정성에 대한 분노로 이어진다. 특히 사회적 이동성이 제한되고, 불평등이 세습되는 상황에서 좌절감은 증폭된다. 경제적 어려움과 사회적 소외감은 기성 정치에 대한 불신으로 연결된다.

이는 포퓰리즘(populism)의 부상으로 이어진다. 포퓰리즘은 기득권 엘리트에 대한 대중의 불만을 활용하여, 분열과 대립을 조장하는 정치 형태다. 포퓰리스트들은 불평등과 양극화의 문제를 제기하면서, 기존 질서에 대한 도전을 시도한다. 그러나 이들의 정책은 단기적 처방에 그치거나, 또 다른 갈등을 초래하기 쉽다.

양극화는 정치적 양극화로도 이어진다. 소득 수준에 따라 정치적 성향과 투표 행태가 달라지는 경향이 있다. 사회경제적 이해관계가 상충하면서, 계층 간 정치적 입장 차이가 커진다. 이는 의회 내 합의 형성을 어렵게 만들고, 정책 결정을 지연시킨다. 정치적 교착 상태는 사회경제적 문제 해결을 더디게 하는 요인이 된다.

또한 양극화는 민주주의의 한계를 노정시킨다. 불평등이 심화되면, 정치에 대한 접근성과 영향력에서 격차가 발생한다. 경제력을 가진 집단이 정책 결정에 영향력을 행사하는 반면, 소외계층은 정치적 무력감을 느끼게 된다. 대의민주주의가 특정 계층의 이해만을 대변하는 왜곡된 모습을 보이게 된다.

이처럼 양극화는 정치적 반작용을 통해 사회통합을 저해하고, 지속가능한 발전을 어렵게 만든다. 불평등에 대한 인식은 사회적 자본을 훼손하고, 계층 간 갈등을 부추긴다. 정치적 양극화와 포퓰리즘은 사회적 합의 기반을 무너뜨리고, 개혁을 가로막는다. 민주주의 제도에 대한 불신은 정치 체제의 정당성 위기로 이어질 수 있다.

따라서 양극화 문제의 해법은 정치 영역에서도 모색되어야 한다. 포용적 의사결정 구조를 만들어 다양한 계층의 목소리를 균형있게 반영할 필요가 있다. 정책 결정 과정에서 소외계층의 참여를 보장하고, 이해관계를 조정하는 제도적 장치가 마련되어야 한다. 또한 건전한 정책 경쟁을 활성화하여, 양극화 해소를 위한 대안을 모색해야 한다. 이를 통해 민주주의의 포용성을 높이고, 사회통합의 기반을 마련할 수 있을 것이다.

다양한 원인에 의해 발생하겠지만, 특히 일자리 불평등에서 시작된 양극화는 복합적인 요인들의 상호작용 속에서 다차원적으로 전개되고 있다. 소득 격차, 고용 안정성의 차이, 교육 기회의 불평등, 기술 격차, 건강 불평등, 그리고 사회적 네트워크의 차이 등 다양한 측면에서 일자리 불평등이 사회 양극화에 지대한 영향을 미치고 있음을 부인할 수 없다. 이는 일자리 불평등이 단순히 경제적인 차원을 넘어 사회 전반에 걸쳐 광범위하고 깊은 영향을 미치고 있음을 확인할 수 있다.

일자리는 현대인의 삶에 있어 소득의 원천을 넘어 사회적 지위, 자아실현, 그리고 삶의 질을 결정짓는 핵심적인 요소이다. 따라서 일자리의 불평등은 개인의 현재 삶뿐만 아니라 미래의 기회와 가능성까지 제한하는 결과를 낳는다. 더욱이 이러한 불평등은 세대를 넘어 대물림되는 경향이 있어, 사회의 이동성을 저해하고 양극화를 고착화시키는 악순환을 만들어낸다.

우리사회가 일자리 불평등 문제에 주목해야 하는 이유는 바로 여기에 있다. 일자리 불평등은 단순히 개인의 문제가 아닌 사회 전체의 지속가능성과 발전 가능성을 위협하는 중대한 사회적 이슈이다. 이는 경제적 효율성 저하, 사회적 갈등 증가, 민주주의의 기반 양확 등 다양한 부작용을 초래할 수 있다.

제2장

민주주의를
완성하라

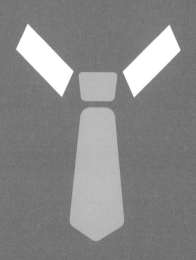

왜 경제민주주의인가?

우리 사회의 모든 격차는 일자리에서 시작되었다. 소득격차도, 기회의 불균등도, 교육격차도, 지역격차도 양극화의 심화도 말이다. 이러한 격차를 해소하기 위해서 우리는 어떤 노력을 기울이고 있을까?

시장 기능만으로 이미 기울어진 저울을 공평하게 되돌릴 수 없다. 그래서 민주주의 제도와 정치가 존재하는 이유다. 즉, 민주주의와 정치가 지속가능한 사회발전을 가로막는 양극화 문제를 해결해야만 한다.

민주주의는 모든 시민의 평등한 권리와 참여를 보장하는 정치체제이다. 따라서 민주주의 사회에서는 소수의 이익만을 대변하는 것이 아니라, 다수의 시민들이 공동의 이익을 위해 의사결정에 참여할 수 있어야 한다. 이는 곧 양극화로 인한 불평등 문제를 해결하기 위한 정치적 의지를 형성하고 실현할 수 있는 기반이 되는 것이다.

정치는 사회의 한정된 자원을 배분하고 갈등을 조정하는 과정이다. 따라서 양극화 문제를 해결하기 위해서는 정치권이 적극적으로 나서서 재분배 정책을 수립하고 시행해야 한다. 이는 단순히 부자에게서 가난한 사람에게로 부를 이전하는 것만을 의미하지 않는다. 보다 근본적으로 모든 시민들이 공정한 기회를 가질 수 있도록 제도와 정책을 설계하고, 사회 안전망을 강화하며, 교육과 보건 등 공공서비스에 대한 접근성을 높이는 등의 종합적인 접근이 필요하다.

그렇다면, 우리는 정치적으로 완전한 민주주의가 정착됐다고 볼 수 있는가? 이전부터 제기되어온 문제다. 그러나 여전히 확신하기 어렵다. 아직도 우리 사회에서는 민주주의가 정착 중이라는 말에 대부분 국민이 동의할 것이다. '정착'이 아니라 아직도 '정착 중'이라는 거다.

그런데 민주주의는 정치에만 머물지 않는다. 그것은 경제로 확대되어야 한다. 진정한 정치민주주의의 발전과 지속도 경제민주주의가 함께 뒷받침되어야 가능하다. 경제민주주의 없는 정치민주주의는 '속빈 강정'이다. 아무리 선거날 투표를 하면 무얼 하나? 실제 자신의 삶의 현장이자 사회적 자아의 실현의 장인 일터에서 의사결정의 주체가 되기는커녕 무권리 상태에 빠져 있다면?

오늘날 경제민주주의는 우리 사회에서 가장 중요하고 뜨거운 논의 중 하나라는 데에 이견이 없으리라 본다. 일반적인 민주주의 원칙을 경제 영역으로 확장한 것이 경제민주주의이다. 정치에서 민주주의는 국민이 주권자가 되어 대표자를 선출하고 그들을 통제하여 공익지향적인 권력사용이 이루어지도록 공화정을 꾸리는 모습으로 드러난다. 경제의 영역에서도 경제권력의 편중을 제어하고 공정한 시장질서가 작동할 수 있도록 하는 장치를 작동시키는 것이 바로 경제민주주의가 구현되는 것이라 할 수 있다.

한마디로 경제민주주의는 경제 권력이 소수에 집중되는 것을 막고 경제를 이끌어 가는 대중들이 주요 의사결정 과정에 참여할 기회를 누리는 상태를 말한다. 특히 시장권력이 편중될 수 있는 자본 일반, 특히 대자본에 대한 제어장치가 중요하다. 그것은 경제 활동에서 모든 구성원의 참여와 이익을 보장하는 것을 목표로 한다. 공정한 경제 성장, 자원의 공평한 분배, 경제적 결정에 대한 폭넓은 참여를 포함, 경제 활동 전반에 걸친 민주적 절차와 원칙의 적용을 향한 요구가 그 안에 들어 있는 것이다.

경제민주주의는 단순히 경제 성장의 속도뿐만 아니라 그 질을 강조한다. 그것은 고용 안정성, 노동자의 권리 보호, 환경적 측면에서 지속 가능성 등을 고려하는 경제 모델과 친화적이다. 경제민주주의를 통해서만 우리는 장기적으로 더욱 견고하고 지속 가능한 성장을 도모할 수 있다.

사회적 연대와 조화를 위해서도 경제민주주의의 완성은 강조될 수밖에 없다. 경제민주주의는 다양한 경제 주체들 사이의 협력과 대화를 촉진한다. 기업, 노동자, 정부 그리고 사회가 함께 문제를 해결하고 정책을 만들어나갈 때, 더욱 포괄적이고 균형 잡힌 경제 발전을 이룰 수 있다.

공평을 넘어, 연대와 안녕을 위해

경제적 참여의 확대는 정치적 민주주의를 강화하는 데에도 중요한 역할을 한다. 경제적 제반권리와 자신의 영리 활동의 영역에서 발언권을 갖춘 시민들일수록 정치적으로도 더 활발히 참여하게 될 것이고, 그것은 건강한 민주사회를 유지하는 데에 필수적이다.

이렇게 경제민주주의는 단순히 경제적 공평을 넘어서 사회적 연대, 정치적 타협이 지속 가능한 발전을 촉진하는 중요한 도구이다. 한국 사회에서 이러한 접근법이 중요한 이유는 불평등의 심화, 빠른 경제 변화, 그리고 정치적 요구의 변화 때문이라 할 수 있다. 경제민주주의의 실현은 한국이 직면한 사회적, 경제적 문제를 해결하는 데 중요한 열쇠가 될 것이다.

선진국들은 저마다 경제민주주의가 발전해 있다. 미국에서도 대자본과 독과점에 대한 규제가 발전해 있고, 유럽에서는 노동자들이 기업경영에 깊게 참여하는 관행이 경제민주주의의 대표적인 기제로 활용되곤 한다. 이러한 경제민주주의는 불평등을 완화하고 사회통합을 강화하며 경제를 순탄하게 지속할 수 있도록 한다. 어느 나라든지 선진국이 되려면 반드시 자기 스타일의 경제민주주의를 갖추어야 한다.

그렇지 못하면 경제가 불평등의 늪에 빠지게 되고 시장권력이 소수에게 편중되며, 노동이 자본 앞에서 숨을 못 쉬고, 소자본이 대자본의 꼭두각시로 전락하게 된다. 아무리 정치적으로 민주적인 권력교체를 이룬다고 해도 경제에서 민주주의가 작동하지 못한다면, 그러한 민주주의는 지속가능하지 못할 것이다.

잘 알려져 있듯이 우리나라는 OECD 국가 중 불평등 지수가 상대적으로 높은 편에 속한다. 2021년 기준 한국의 지니계수는 0.33으로 OECD 평균보다 다소 높으며, 2022년 기준 상대적 빈곤율 또한 14.9%로 높아 경제 성장이 모든 계층에 고르게 혜택을 주지 못하고 있다. 이러한 모습은 우리의 경제민주주의가 제대로 작동하지 못하고 있는 상태임을 반증한다. 경제민주주의를 강화해서 임금 격차를 줄이고, 노동자 권리를 강화하며, 모든 사람에게 공정한 경제적 기회를 제공함으로써 사회 전반의 불평등을 완화해 가야 우리가 비로소 선진국 대열에 들어설 수 있는 것이다.

경제민주주의의 결핍은 한국식 경제성장모델과 사회통합모델의 한계를 고스란히 드러낸다. 한국의 경제성장 모델에서 민주주의가 미발전하게 된 데에는 반세기 만에 빠르게 성장한, 이른바 '압축성장(compressed growth)'이 주요 원인이다. 빨랐던 고도성장은 민주주의를 시장에 고르게 발전시키지 못하게 했다. 특히 그것은 노동시장, 즉 일터 앞에서 멈칫하게 했다. 어설프게 생각하면 성장은 빠른 게 좋다고 생각할 수 있지만, 압축성장은 그 이면을 살필 시간조차 없다는 게 문제가 될 수 있다.

한국은 지난 1987년 민주화 이후 정치적 민주주의가 급속히 발전하였음에도, 경제민주주의의 발전은 상대적으로 더디게 진행되었다. 압축성장 과정에서 우리 경제에 깊게 새겨진 '민주주의 패싱'의 제도와 관행이 지속되고 있기 때문이다. 요는 1987년을 개기로 일반대중들의 정치적 목소리가 보장되면서 정치적 민주주의가 보장되었지만, 아쉽게도 경제적 약자인 소규모 협력업체, 비정규/취약 노동자들은 여전히 '입틀막' 상태라는 점이다.

그렇다고 우리의 경제민주주의가 전혀 부재한 것은 아니다. 우리나라의 경제민주주의 실천은 다양한 정책과 제도적 조치를 통해 경제적 권력의 분산, 노동권의 강화, 그리고 사회적 대화의 활성화를 촉구했다. 이러한 노력은 한국 사회에서 더욱 공정하고 포용적인 경제체계를 구축하는 데 중요한 역할을 했다. 그러나 계속되는 경제적, 사회적 도전에 대응하기 위해서는 지속적인 개선과 혁신이 필요하며 모든 이해 관계자의 적극적인 참여와 협력이 요구되는 실정이다.

우리나라 경제민주주의는 크게 세 가지 측면에서 조명할 수 있다. 첫째는 자본권력의 배분과 시장지배력의 균형의 측면이다. 한국은 재벌 중심의 경제 구조로 돼 있다. 이것은 소수 대기업이 경제력과 함께 막대한 사회적 영향력을 행사한다는 걸 의미한다. 재벌 독과점 구조는 중소기업과 '스타트 업(start-up)'의 시장접근성을 제한하고, 경제적 불평등을 심화시키는 원인이 되고 있다. 재벌 중심의 경제 구조는 경제력 집중을 초래하고, 이로 인한 경제적 불평등이 심화하고 있다.

둘째, 노동권의 보장과 노동환경의 적정한 발전의 측면이다. 한국은 1987년 이후 노동운동의 활성화와 함께 노동자의 권리가 강화되기 시작하였다. 그러나 여전히 노동시간은 OECD 국가 중 가장 길며, 비정규직 노동자의 비율이 높은 편이다. 노동 유연성을 추구하는 과정에서 발생하는 불안정한 고용 상태는 경제민주주의의 중요한 약점으로 지적된다.

셋째 경제 전반의 영역에서 노동자나 주주 등 대중들의 참여와 민주적 의사결정의 제도화와 관행화의 측면이다. 한국의 기업과 일자리에서 일어나는 중요한 의사결정 과정에 있어서, 대중들의 폭넓은 참여와 민주적 공동결정의 관행은 아직 크게 미흡하다. 주요 경제 정책 결정 과정에서 있어서도 소수의 엘리트의 독점이 지배적이며, 일반 시민과 소수자의 목소리가 충분히 반영되지 못하고 있다. 이는 정책의 효과성과 공정성을 떨어뜨릴 위험이 있고, 아무리 정치민주주의가 발전한다고 해도 국민들을 자신의 삶의 영역에서 진정한 주인으로 만들지 못하고 만다. 결국 사회적 대화의 부재가 문제인 것이다. 그것은 경제적 의사결정 과정에서 다양한 이해관계자들의 참여를 제한하고, 정책 결정의 투명성과 공정성을 해치고 있다.

우리나라 경제민주주의 발전은 사회적 연대와 경제적 평등 실현하기 위한 중요한 수단이다. 경제력의 과도한 집중과 노동시장의 불안정, 의사결정 과정의 폐쇄성 등 현 상태의 문제점을 극복하고, 보다 포괄적이고 참여적인 경제 시스템을 구축하는 것이 시급하다. 이러한 변화는 단지 경제적 차원을 넘어서 정치적 민주주의를 강화하고, 사회 전반의 지속 가능한 발전을 이끌 것이다.

우리나라에서 경제민주주의의 미흡함은 오늘날 우리 사회가 양극화의 늪에 빠져 헤어나오지 못하게 만드는 핵심요인이라 할 수 있다. 따라서 양극화를 해소하기 위해서는 경제민주주의를 진작시키려는 노력이 절대적으로 필요하다. 어떻게? 경제 주체 모두가 나서 나로부터 비롯됨을 성찰하고 지속가능한 경제사회발전을 위해 타협해야 한다. 비정규직 보호를 강화하고, 노동시장 내 격차를 줄이기 위한 정책을 시행해야 한다. 또한 노동자의 권리를 보호하고 노동 조건을 개선하기 위해 근로기준법의 전면적적용과 철저한 준수 등 노동시장의 근본적인 개혁이 필요하다. 경제적 의사결정 과정에 시민들의 참여를 보장하기 위해 투명성과 책임성을 강화해야 한다. 이를 위해 정책 결정 과정에서 공공의견 수렴과 사회적 대화를 적극적으로 활용하는 것이 필요하다.

기울어진 경제구조, 그리고 한계

그간 우리 사회에서 재벌개혁은 계속적으로 모색되고 실천되어 왔다. 그것은 글로벌 경제와 국내 경제의 균형을 맞추며 과도한 재벌 집중을 완화하고 시장경제 질서 내에 민주주의를 실현하려는 다양한 시도들로 이뤄졌다. 특히 지난 1997년 아시아 금융위기는 한국 경제의 구조적 문제점을 드러내며, 재벌개혁의 필요성을 강조했다. 과도한 부채와 비효율적인 경영, 정경유착 등이 문제로 지적되었다. 당시의 김대중 정부는 기업경영의 투명성을 높이고, 경제력 집중을 완화하기 위한 법적, 제도적 조치를 시행해 나갔다.

김대중 정부 이래로 한국의 정부들은 기업 지배구조 개선을 위해 상호출자 제한, 대주주의 책임 강화, 투명한 지배구조 확립 등을 골자로 하는 공정거래법을 여러 차례 개정하였다. 이와 함께, 지주회사 제도를 도입해 재벌의 복잡한 계열사 구조를 단순화하고, 경영 투명성을 제고하기 위해 노력했다. 이는 각 계열사가 독립적인 경영을 할 수 있도록 유도하여, 재벌 총수의 과도한 통제를 방지하는 데 그 목적을 두었다.

경영 투명성 강화를 위해, 대기업의 감사위원회 구성에 외부 인사를 포함하도록 하면서 감사위원회의 독립성을 확보하여 감시 기능을 강화하였다. 또한 대기업의 CEO 선임 과정에서도 외부 인사의 참여를 확대하고, 이사회의 결정 과정을 공개함으로써 경영진 선임의 투명성을 높였다.

이러한 지배구조의 개선과 경영 투명성 강화는 재벌 기업들의 경영 효율성을 높이는 데 이바지했다는 평가이다. 계열사 간의 불필요한 자금 이동은 줄어들고, 각 사업부의 책임경영이 강조되었다. 이러한 투명한 경영과 경쟁환경은 국제적인 투자자들의 신뢰를 증진했다. 이는 외국 자본의 유입을 촉진하고, 글로벌 시장에서의 경쟁력을 강화하는 결과를 가져왔다.

하지만 재벌개혁은 정치적, 경제적 여건 변화에 따라 그 강도와 초점이 달라지는 경향이 있었다. 특히, 정권이 바뀔 때마다 개혁의 우선순위와 방향이 변경되는 경우가 많아, 장기적인 개혁 지속성이 문제로 지적되고 있다.

지금도 여전히 대기업과 재벌의 경제력 집중은 해소되지 않은 상태이다. 시장 지배력이 큰 몇몇 대기업에 의해 중소기업과의 경쟁이 제한되고 있으며, 이는 경제민주주주의의 실현을 어렵게 만들고 있다.

우리나라 재벌개혁은 경제민주주의와 복지 확대를 위해 중요한 단계를 제공했으며, 많은 성과를 거두었다. 그러나 개혁 지속성과 실질적인 경제력 분산 문제는 여전히 해결해야 할 중요한 과제로 남아 있다. 이를 위해서는 보다 일관되고 지속 가능한 정책 추진과 모든 경제 주체의 적극적인 참여가 필요해 보인다.

한편, 경제민주화를 위해서는 시장권력자들의 전횡을 규제함과 동시에 자영업자들을 보호하고 경쟁력을 촉진하는 정책을 동시에 추진해야한다. 한국에서 중소기업 및 벤처기업에 대한 지원 확대는 경제의 다각화와 혁신 촉진을 위한 핵심 정책 중 하나이다. 이는 경제 성장의 동력을 창출하고, 새로운 일자리를 제공하며, 경제민주주의 실현에 기여 하고자 하는 목표를 가지고 있다.

이를 위해 정부는 저리 대출, 보증 제공, 투자 유치 지원 등 다양한 금융지원 프로그램을 운영해 중소기업 및 벤처기업들의 안정적인 성장을 지원해 왔다. 특히 '창업 지원 펀드' 등 금융지원은 많은 스타트업과 중소기업에 초기 자본 확보에 큰 도움을 주었다. 신규 기업의 시장 진입 장벽을 낮추고, 혁신을 촉진하는 데 긍정적 역할을 했다는 평가다. 하지만 이러한 금융지원은 때때로 자금의 효율적 사용과 관리의 어려움을 초래했다. 일부 기업은 받은 자금을 비효율적으로 사용함으로써 자금 회수 및 재투자의 어려움을 낳았다.

또 우리 정부는 중소기업의 기술혁신을 지원하기 위해 R&D 자금을 제공하고, 기술 개발 프로젝트에 대한 보조금을 지급해 오고 있다. '중소기업 기술혁신 사업'은 중소기업이 경쟁력 있는 기술을 개발할 수 있도록 지원한 대표적인 예이다. 이러한 지원은 기술적으로 뒤처진 중소기업이 시장에서 경쟁력을 갖출 수 있도록 도왔다. 그것은 고용 창출과 산업의 고도화에 이바지했다는 평가도 받고 있다. 하지만 기술 개발 지원에도 불구하고, 실제 시장에서의 성공적인 상용화까지 이르는 경우는 제한적이었다. 또한 지원 대상 선정의 투명성 문제나 지원 과정에서의 관리와 감독의 미흡이 지적되기도 했다.

그간 우리는 중소기업 및 벤처기업의 사업 환경을 개선하기 위해 규제를 완화하고, 사업 시작 및 운영과 관련된 절차를 간소화하였다. 예를 들어 '중소기업 적합업종 제도'는 대기업의 중소기업 영역 진입을 제한하여 중소기업을 보호하고자 설계되었다. 이러한 정책은 중소기업이 보다 쉽게 사업을 시작하고 운영할 수 있는 환경을 조성하였다. 시장 접근성 개선과 공정 경쟁 환경 조성에 기였다. 하지만 규제 완화에도 불구하고, 여전히 중소기업과 벤처기업이 겪는 불필요한 관료주의와 행정적 부담은 큰 도전 과제로 남아 있다. 또한 대기업과의 경쟁에서 여전히 불리한 조건에 처하는 경우가 많다.

우리 정부의 중소기업 및 벤처기업 지원 정책은 많은 성과를 거두었지만, 여전히 해결해야 할 문제들이 남아 있는 것이다. 효율적인 자금 사용, 지속 가능한 기술 개발, 투명한 지원 체계 구축은 여전히 중요한 과제다. 또한 지속적인 사업 환경 개선과 규제 완화를 통해 중소기업과 벤처기업이 한국 경제에서 더욱 중요한 역할을 할 수 있도록 지원하는 것이 필요하다. 이러한 노력은 경제의 다양성과 경쟁력을 증진시키며, 궁극적으로는 경제민주주의 실현에 기여할 수 있을 것이다.

노동권 강화가 경제민주주의다

　모든 사회에서 경제의 근간을 이루는 영역은 바로 노동이 이루어지는 일자리이다. 노동권을 실질화하고 노동환경을 개선하는 것이야말로 경제민주주의에서 빼놓을 수 없는 중요한 과제이다. 그간 우리 정부의 노동권 강화 노력은 다양한 정책과 법적 개혁을 통해 이뤄져 왔다. 이러한 노력은 노동시장의 공정성을 증진하고 노동자의 권리를 보호하는 데 큰 역할을 했다.

　우선 2010년대로 들어서면서 정부는 노동자의 생활수준 향상과 소득 불평등 감소를 위해 최저임금을 지속해서 인상해왔다. 그 결과 최저임금의 인상은 저소득 노동자의 생활 안정에 이바지했으며, 소비 촉진을 통해 경제 활성화에도 기여했다는 긍정적인 평가가 존재한다. 통계적으로도 긍정적 효과가 확인된다. 우리 사회의 저임금 노동자 비중은 2010년대 초반 25%에서 최근 16%대까지 감소하였다. 하지만 최저임금 인상은 중소기업과 자영업자에게 부담을 가중해 일자리 감소를 초래했다는 비판도 동시에 존재한다. 특히 높은 인건비 부담으로 인해 일부 기업에서는 정규직 채용을 줄이고 비정규직을 확대하거나 자동화에 몰입하여 고용 자체를 소멸시키려는 경향이 나타나기도 했다.

　이와 함께 정부는 2018년 근로기준법을 개정하여 한 주당 최대 근로시간을 68시간에서 52시간으로 단축했다. 이러한 근로시간 단축은 노동자의 워크-라이프 밸런스(work-life-balance), 즉 일과 생활의 균형을 이루는 개선과 건강증진에 이바지했다. 또한 노동생산성 향상을 유도하는 효과도 있었다. 하지만 근로시간 단축은 일부 산업에서의 노동력 부족 문제를 일으켰고, 기업의 운영비용 증가로 이어졌다. 특히 필수적인 업무를 처리해야 하는 기업에는 부담으로 작용했다는 평가도 있다.

정부는 또 비정규직 노동자의 권리 보호를 강화하기 위해 '비정규직 보호법'을 제정하고, 비정규직의 정규직 전환을 장려하는 정책을 시행하였다. 하지만 많은 비정규직 노동자들이 여전히 불안정한 고용 상태에 놓여 있으며, 이들을 위한 구체적인 지원과 보호 조치는 여전히 부족한 실정이다.

우리 정부의 노동권 강화 노력은 노동시장의 공정성을 증진하고, 노동자의 생활 안정을 도모하는 데 중요한 역할을 했다. 최저임금 인상, 근로시간 단축, 비정규직 보호 강화 등 다양한 정책들은 분명 노동자의 권리를 신장하는데 이바지했다. 그러나 이러한 정책들은 경제 전반에 미치는 영향과 더불어 일부 부정적인 효과도 함께 나타냈으며, 이에 대한 지속적인 모니터링과 보완이 필요해 보인다.

경제민주주의의 핵심은 좋은 일자리

단언컨대 이제 경제민주화와 그것을 지향하는 좋은 일자리의 창출은 국가 발전 전략의 중심이 되어야 한다. 좋은 일자리를 창출하는 것은 경제민주화의 가장 기본적인 요소다. 단순한 고용 기회 확대를 넘어, 양질의 일자리를 만드는 것은 경제적 권력의 재분배, 사회적 포용, 그리고 장기적 경제 성장의 동력을 확보하는 핵심 전략이다. 그것은 개인의 삶의 질을 향상하고 경제적 자립을 가능하게 함으로써, 경제적 불평등을 감소시키는 중요한 수단이 된다. 양질의 일자리가 경제민주화를 가능케 하며, 그랬을 때 우리는 양극화에서 벗어날 수 있다.

경제민주화는 경제적 권력이 소수의 대기업이나 재벌에 집중되는 현상을 방지하고, 이를 널리 분산시켜 보다 많은 사람이 경제 활동에 참여할 수 있게 하는 자립적 생태계를 구축하는 것이다. 만일 중소기업이나 스타트업 등에서 좋은 일자리들이 많이 창출된다면, 그것은 경제의 다양성을 증가시키고, 재벌이나 대기업에 집중된 경제적 자원과 기회를 보다 광범위하게 분산시키는 역할을 하게 된다.

경제민주화는 사회적 포용과 참여의 증진이라는 측면에서도 의의가 있다. 경제민주화는 모든 구성원이 경제적 의사결정에 참여하고, 그 결과에 대해 공정하게 혜택을 받을 수 있어야 한다는 원칙에 기초하고 있다. 양질의 일자리 창출을 통해 노동자들은 단순한 근로자를 넘어 경제 활동의 주체로서 자신의 권리와 이익을 주장할 수 있는 기반을 마련할 수 있다. 이는 노동시장 내에서의 참여를 넘어 정치적 참여로도 이어질 수 있어, 경제적 민주주의의 확대와 정치적 민주주의의 강화에 이바지할 것으로 기대된다.

경제민주화는 단기적 성과를 추구하는 경제정책보다 지속가능하고 균형 잡힌 성장을 목표로 한다. 일자리 창출은 소비 증대, 사회 안정, 그리고 경제적 자원의 효율적인 분배를 통해 이러한 지속 가능한 성장을 보장하게 될 것이다. 또한, 교육과 기술 훈련을 포함하는 일자리 창출 정책은 노동력의 질을 향상하고, 경제 전반의 혁신 능력을 강화하는 데 중요한 역할을 할 수 있을 것이다.

결론적으로 양질의 일자리 창출은 일자리를 통해 경제적 이익과 기회가 사회적 전반에 걸쳐 균등하게 분배되는 경제적 평등을 실현하고, 안정적인 고용을 통해 사회적 안정과 개인의 생활 만족도를 향상하며, 경제적 불안정에서 비롯되는 사회문제를 감소시킨다. 또 새로운 일자리 창출은 소비와 투자를 촉진하며 경제 활동을 활성화하는 주요한 동력으로 작용할 수 있다. 이처럼 일자리 창출은 경제민주화의 핵심 요소로서, 모든 사람이 경제적 혜택을 공평하게 누릴 수 있는 사회를 만드는 데 결정적인 역할을 할 수 있다.

사회적 대화로 시작하는 경제민주주의

사회 전반적으로 경제 및 사회 정책의 중요한 결정에 다양한 이해당사자들의 참여를 보장하고자 하는 다양한 노력은 경제민주주의의 또 다른 중요한 요소이다. 민주화 이후 우리 사회에서는 그러한 가치를 실현하기 위한 다양한 제도적 노력들을 전개해 왔다. 특히 일자리와 노동의 주제에 특화된 협의기구들을 다양한 층위에서 제도화시키고 그것을 적극 활용하여 사회적 대화를 활성화시키려는 노력들을 전개했다.

우리의 사회적 대화 활성화 노력은 노사정 참여를 통한 포괄적인 정책 결정 과정을 구축하고, 경제민주주의 실현에 이바지하고자 하는 중요한 시도이다. 이러한 노력은 경제와 사회 전반에 걸친 다양한 긍정적 변화를 끌어냈으나, 여전히 극복해야 할 한계와 도전이 존재한다. 사회적 대화의 지속 가능한 활성화를 위해서는 더욱 강력한 제도적 지원과 모든 이해관계자의 적극적인 참여가 필요하다.

이미 문재인 정부는 2018년에 노동, 정부, 사용자 단체가 모두 참여하는 국가 차원의 사회적 대화 기구인 경제사회발전노사정위원회를 경제사회노동위원회(경사노위)로 개칭, 확충하고, 노동시간 단축, 최저임금 인상, 비정규직 문제 등 다양한 노동 이슈에 대한 사회적 합의를 도출하기 위해 노력했다. 경사노위는 다양한 사회적 이슈에 대해 노사정이 함께 논의하고 정책을 수립하는 장을 마련함으로써, 합의 기반의 정책 결정 가정을 강화하였다. 특히, 노동법 개정과 같은 중요한 이슈에 대해 폭넓은 사회적 합의를 끌어냈다는 평가를 받았다. 그러나 경사노위가 실질적인 결정권을 갖고 있지 않고, 주요 결정은 여전히 정부의 입법 과정을 통해서만 이루어지고 있다. 또한 일부 중요한 결정들에서 노동계의 이탈이 발생하면서 사회적 대화의 포괄성과 대표성이 약화된 측면이 있다.

또한 우리나라에서는 지역 내 주요한 이해관계자들이 참여하여 지역 고용 문제, 산업환경의 변화에 대응하는 정책을 논의하는 등 지역 경제의 특성에 맞춘 사회적 대화의 활성화를 위해 지역별 노사민정협의회를 운영하고 있다. 이는 지역 경제에 특화된 문제 해결에 이바지하며, 지역 공동체 내에서 사회적 대화의 기반을 강화했다. 이를 통해 지역적 차원에서도 사회적 합의를 통한 문제 해결이 가능해졌다. 하지만 지역별 협의회는 자원과 권한의 한계를 가지고 있어, 실제로 지역 문제 해결에 필요한 충분한 영향력을 행사하기 어렵다는 평가도 있다. 또한 모든 지역이 동등한 수준의 대화 구조를 갖추고 있지 않아 지역 간 격차 문제가 발생하기도 했다.

사회적 대화는 경제와 사회 정책에 관한 결정 과정에서 다양한 이해당사자들이 참여하는 의사소통과 협상의 과정이다. 이 개념은 노동자, 사용자, 정부 등의 대표들이 사회적, 경제적 문제를 해결하기 위해 의견을 교환하고, 공동의 합의를 도출하는 과정을 포함한다. 사회적 대화는 국가적 차원에서는 물론, 지역적, 산업적 차원에서도 이뤄질 수 있으며, 다양한 형태의 대화와 협상을 포함하고 있다.

사회적 대화는 이해 관계자 사이의 협력적 협상과 의사결정 과정을 통해 사회적 갈등을 해결하고, 정책 결정에 다양한 목소리를 반영하는 민주적 접근법이다. 이 과정은 정책의 수립, 집행 및 모니터링에 이어 포괄적이고 투명한 참여를 장려함으로써 사회적 합의와 정책의 효과성을 높이는 것을 목표로 한다.

이는 정책 결정 과정에 다양한 이해당사자의 참여를 보장함으로써 민주적 거버넌스를 강화한다. 이 과정을 통해 정책의 수용성을 높이고 다양한 사회구성원의 요구와 기대를 반영할 기회를 제공할 수 있다. 또 사회적 대화는 경제적 및 사회적 갈등을 평화적으로 해결하는 데 중요한 역할을 하는데, 의사소통을 통한 이해와 협력은 갈등을 줄이고, 사회적 조화를 촉진하는 긍정적 역할을 하게 된다. 다양한 이해관계자의 의견과 전문지식을 활용함으로써, 사회적 대화는 정책의 실질적인 효과를 향상할 수 있고, 이는 정책의 설계와 이행 과정에서 발생할 수 있는 문제점을 사전에 식별하고 해결하는 데 도움을 줄 수 있다.

문제해결 중심의 새로운 대중 민주정치로

정치는 우리사회가 직면한 다양한 사회경제적 문제를 해결하고, 지속적인 성장과 발전을 이룰 수 있도록 해야 한다. 지금 우리 사회가 해결해야 할 가장 중요한 당면과제는 양극화 된 사회경제적 격차를 줄이는 것이다. 이를 포기하면 지속적인 성장과 발전은 기대하기 힘들 것이며 오히려 야만사회로 갈 것이다.

문제를 해결하기 위해서는 정확한 실상을 사실대로 전 국민과 공유하고 함께 대화해야 한다. 이 문제를 어떻게 해결할 것인지? 그리고 이해관계가 다른 서로의 입장을 들어주고 함께 공감토록 해야 할 것이다. 지금처럼 모든 이해관계 당사자, 이해집단들이 그들로부터 발생한 다양한 문제를 외면한 채 양보 없이 고집과 주장만을 내 세운다면 과연 문제가 해결될까? 시간만 늦추는 것이고 결국 모두에게 손해되는 저성장과 소멸의 길로 갈 것이다.

그런데 우리정치는 문제해결보다는 자기 지지자만 바로보고 극단의 진영정치를 하고 있다. 국민 또는 시민들과 대화하고 경청하고 설득하는 조정의 정치 타협의 정치는 보기 힘들다. 그저 여의도에서 팬덤정치를 하는 것이다. 그러니 일반시민들은 정치적 효능감을 느끼지 못하고 정치에 무관심과 짜증을 내는 것이다.

어느 당이던지 먼저 시작해보자. 아니 민주당이 먼저 앞서 가자. 사회경제적 당면한 문제를 해결하기 위해 국민과 대화해보자. 지방자치단체 및 지역 시민과 대화해보자. 그것이 노동문제든, 교육문제든 건강보험문제든 검찰문제든 말이다. 사실을 가지고 올바른 방향의 해법을 찾기 위해 다른 진영의 시민이라 할지라도 경청하고 틀리면 설득해보자. 우리가 함께 살아가자고 평화롭고 함께 잘사는 공동체를 만들자고 호소하자.이러한 노력과 활동이 정치라고 생각한다. 대표자라는 몇몇 사람들의 대화가 아니라 마을과 지역에서부터 다양한 시민과 대화하는 것이 진정한 사회적 대화다.

이제 우리정치는 대중정치에 기반한 사회적 대화를 통해 시민주권을 실현해야 한다. 이 지긋지긋한 양극화의 문제를 해소하기 위해 극단적 진영으로 싸우지 말고, 정확한 문제의 사실을 가지고 서로의 국민적 공감을 불러일으켜 사회적 대화의 공론에 불을 지피자. 정말 우리가 가야할 길이 어딘지 묻고 설득하여 타협의 시민정치를 이루어야 한다.

우리사회는 많이 왜곡되어 있다. 양극화에 기반한 진영정치와 진영언론으로 인해 많은 사실이 왜곡되고 이젠 무엇이 사실인지 혼란스럽고 둔감해졌다. 그저 묻지마 지지만 있을 뿐이다. 많은 지역주민들은 내 이해관계와도 관계없이 지지한다. 영악한 기득권층들만이 자기 이해관계에 따라 지지한다. 그러니 이들이 진영을 만드는 것이고 끊임없이 재생산되는 구조를 설계하는 것이다. 그리고 정치는 이들을 위한 찬반의 정치로 싸우는 것이다.

그러니 양극화 문제를 해결할 수 있는 유일한 방법은 정치가 사회적 대화를 이끄는 것이다. 기존의 정치가 소수자의 대표들과 대화였다면 새로운 정치는 시민과 대화하는 것이다. 그리고 마을과 지역에서 대화하는 것이다. 이는 왜곡된 언론도 극복할 수 있고, 자치분권에도 도움이 되며, 현장정치, 시민정치도 실현할 수 있다.

현재 우리 시민들의 수준은 전 세계에서 가장 높다 한다. 한국은 전 국민이 플랫폼을 기반으로 소통하는 디지털사회 국가다. 이에 맞는 대중 민주정치, 시민과 직접 소통하는 대의민주정치로 변화하여 당면한 사회경제 문제를 해결하고, 극단의 진영정치를 극복하며, 사회통합을 이루어야 한다. 민주당이 험지라고 하는 정당과 선거의 지역주의도 허물 수 있다고 생각한다.

제3장

사회적 대화와
일자리 개혁의 만남

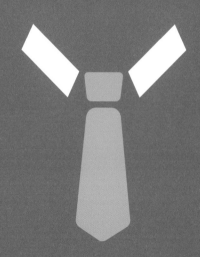

좋은 일자리, 사회적 대화로 말걸기

대화가 없는 사회를 상상해 보라. 사람과 사람 사이를 연결하는 가장 중요한 수단은 대화다. 대화는 우리가 매일 마시고 먹는 공기와 음식처럼 우리의 삶에서 소중하고 필수적인 요소 중 하나다. 사회는 그러한 개인들이 모여 만든 헤아릴 수 없이 많은 집단(공동체)으로 구성되고, 모든 사람은 자의든 타의든 그러한 집단의 하나에 속한다.

사회가 정상적으로 유지되고 발전하기 위해 대화는 가장 필수적인 요소다. 우리가 알고 있는 민주주의도 결국은 사회적 대화의 과정이자 결과이다. 사회적 대화의 수준이 곧 민주주의 발전 수준이라고 해도 과언이 아닐 것이다. 2015년 UN 선언 이후 세계적으로 진행되고 있는 지속가능발전목표(SDG's)를 이루기 위해 강조되는 가장 중요하고 필수적인 덕목

중 하나도 사회적 대화라고 할 수 있다.

그동안 우리 사회에서 사회적 대화는 주로 노사관계나 조금 더 확장된 노사민정의 대화라는 좁은 개념으로 인식되어 왔다. 사전적으로 사회적 대화는 노사간의 문제나 일자리 문제를 넘어 모든 사회적 문제를 의제로 다룬다. 그 참여주체도 당연히 일자리 중심의 이해관계자가 아닌 모든 문제의 이해관계자들이 될 수 있다. 사전적 의미를 넘어 사회적으로도 이미 사회적 대화는 노사관계나 일자리 문제를 넘어 사회통합과 미래발전 전략을 세우기 위한 유력한 수단으로 사용되어고 있다. 그렇지만 일반적으로 사회적 대화란 노동계와 경영계, 정부 등 사회 각 주체들이 대등한 입장에서 사회 문제 해결을 위해 협의하고 합의를 도출해 나가는 과정을 말한다.

바야흐로 대전환의 시대다. 다양한 도전들로 인해 근본적인 시스템의 변화가 불가피하며 그 과정에서 다양한 이해관계의 충돌이 발발할 수 있는 때다. 이러한 시대에는 어느 한 주체의 일방적 정책 추진만으로 지속 가능한 일자리의 건설과 그에 부합하는 문제의 해결이 불가능하다. 노·사·민·정 모두 해법의 주체로서 참여하고 책임을 분담하는 숙의와 협력의 과정이 필수적으로 요구된다.

우리 사회가 국가적으로 '사회적 대화'를 도입하여 시행한 지 20년이 지났다. 좁게는 행정에서 정책추진의 중요한 추진방식으로, 넓게는 국가

수반인 대통령의 민주적 통치행위 방식으로 법률로 정하고 기구를 만들어 실행할 정도로 사회적 대화는 중요한 제도다. 그럼에도 불구하고 지금까지도 '사회적 대화'의 진정한 의미에 대해서는 잘 알려져 있지 않다. 심지어 잘못 이해하거나 왜곡되어 있기도 하다.

아무리 좋은 정책도 핵심 이해당사자들의 참여와 충분한 숙의를 거치지 않으면 제대로 고안되고 실행되기 어렵다. 설사 누군가의 압도적인 힘에 의지해 정책이 추진되더라도 해당 영역의 다양한 이해당사자들의 의견을 충분히 듣고 그들과의 숙의를 생략한 정책은 본래의 목적을 달성하기 어렵다. 현실의 운행을 가장 잘 알고 있고 그것이 어디로 가야 할 지에 대해 가장 구체적인 비전을 갖는 이들이 바로 그들이기 때문이다. 현재 의사파업에서 볼 수 있듯이 개혁의 과정에서 이해당사자들의 의견을 무시하고 추진될 때, 현실의 행위자들이 감내해야 할 고통과 비용은 헤아리기 어려울 정도로 크게 된다.

과거 유럽의 경험을 보면 사회적 대화는 노동계급의 경제 · 정치적 권리 향상과 더불어 사회통합과 경제위기 극복의 토대가 되어왔다. 한국에서도 1997년 IMF 외환위기 당시 노사정위원회를 통한 사회적 대화가 위기 극복의 돌파구 역할을 했다. 그 이후 한국의 사회적 대화는 더욱 더 공식화되고 제도화되었다. 그렇지만 과연 현재의 도전에 대해 지금까지의 사회적 대화의 관행과 틀이 충분히 역할을 할 수 있을지 의문이다.

지금 우리에게는 과거와 다른 사회적 대화, 진정성 있고 혁신적인 사회적 대화가 그 어느 때보다 절실하게 필요하다. 대전환의 격랑 속에서 한국 사회가 지속가능한 발전의 길로 나아가기 위해서 더욱 그러하다. 특히 그것을 통해 포용과 혁신의 일자리 모델을 만드는 것이 필요하기 때문이다.

'좋은 일자리'는 단순히 고용 안정성뿐만 아니라 노동의 질, 차별 해소, 인적자원 개발, 사회안전망 등을 총체적으로 고려한 개념이다. 지속가능 일자리를 만들기 위해서는 정부와 기업, 노동계가 사회적 대화를 통해 '좋은 일자리'의 사회적 기준을 함께 만들고 이를 제도와 정책에 반영해 나가는 것이 요구된다.

지속가능한 좋은 일자리를 만드는 사회적 대화는 노·사·정 모두에게 때로는 어렵고 고통스러운 과정이 될 수 있다. 그것은 자신의 기득권을 내려놓고 상대방의 입장에서 생각하며 단기적 이해득실을 넘어 공동의 비전을 모색해야 하는 지난한 여정이기 때문이다.

하지만 이는 결코 피할 수 없는 시대적 과제다. 지금이야말로 노동계와 경영계, 정부 모두가 담대한 결단으로 새로운 사회적 대화에 나서야할 때다. 일자리 문제의 근본 해법을 사회적 대화에서 찾고, 이를 통해 한국 사회의 지속가능한 미래를 열어가야 한다. 우리에겐 그럴만한 역량과 잠재력이 있다고 본다. 사회적 대화를 통해 대전환의 위기를 기회로 바꾸고, 함께 잘 사는 포용 사회로 나아가는 것, 그것이 우리 시대 사회적 대화가 갖는 의미이자 과제다.

역사 속의 사회적 대화, 온고지신을 위하여

앞서 언급했듯이 사회적 대화는 산업화와 노동운동의 역사 속에서 발전해 왔다. 18세기 후반 영국에서 시작된 산업혁명은 자본주의 경제체제를 확립하는 동시에 노동자 계급의 형성과 열악한 노동조건의 강요를 초래했다. 이에 노동자들은 단결과 투쟁을 통해 노동조합을 결성하고 권리 향상을 요구하기 시작했다. 초기에는 노사 간 대립과 갈등이 첨예했지만, 점차 노동조합이 법적 지위를 인정받고 단체교섭을 통해 노동조건을 개선해 나가면서 노사관계는 제도화되기 시작했다.

20세기 들어 전 세계로 확산된 산업화는 선진국과 개발도상국 모두에서 유사한 노동 문제를 야기했고, 국제노동기구(ILO)를 중심으로 노동 기준에 관한 국제적 규범이 마련되기 시작했다. 이 과정에서 노동조합의 역할이 커지면서 단순히 노사 간 교섭을 넘어, 노동계가 경제·사회 정책 전반에 영향력을 행사하는 '사회적 파트너'로 부상하게 된다. 이는 노동계와 경영계, 정부가 대등한 위치에서 사회 문제 해결을 위해 협의하고 합의를 도출하는 '사회적 대화'의 출현을 의미했다.

특히 2차 세계대전 이후 유럽 국가들은 전쟁의 폐허를 극복하고 새로운 사회경제 질서를 구축하는 과정에서 사회적 대화를 적극 활용했다. 1950년대 서독은 노사정 대표가 참여하는 '공동결정제도'를 도입하여 전후 경제 재건과 사회 안정의 기틀을 마련했다. 1960-70년대 오일쇼크 등으로 인한 경제위기 속에서도 스웨덴, 오스트리아 등 북유럽 국가들은 '코포라티즘(corporatism)' 모델을 통해 노동계의 임금 자제, 정부와 기업의 고용·복지 보장이라는 사회적 합의를 이뤄냈다.

1980-90년대에는 신자유주의 세계화의 물결 속에서 각국이 노동시장 유연화를 추진하면서 사회적 대화가 새로운 전기를 맞았다. 대표적인 사례가 1982년 11월 네덜란드의 '바세나르(Wassenaar) 협약'이다. 당시 네덜란드는 실업률이 12%, 특히 청년 실업률이 30%에 이르는 등 물가 및 임금상승으로 제조업이 경쟁력을 잃고 극심한 경제위기에 봉착했다. 노사정 간 대타협을 통해 노동계는 임금 안정과 유연 근로제 도입을 수용하는 대신, 기업은 근로시간 단축과 일자리 나누기를, 정부는 사회보장 확대를 약속함으로써, '유연안정성(flexicurity)' 모델의 토대를 마련함으로써 현재까지의 네덜란드 노사관계 기조를 결정하게 된 역사적 사건으로 기억되고 있다.

한국에서 사회적 대화가 본격화된 것은 1990년대 후반 외환위기를 계기로 해서다. 그 이전까지 한국의 노사관계는 권위주의 정부 하에서 국가 주도의 경제성장 정책에 종속되어 왔다. 1970-80년대 산업화 과정에서 저임금 장시간 노동에 기반한 개발독재 체제가 지속되면서, 노동기본권은 지속적으로 억압되었고 노사 간 불신과 대립이 누적되어 왔다. 1987년 민주화 투쟁 이후 노동자대투쟁이 광범위하게 전개되면서 노동조합 결성이 급증하고 노사분규가 빈발했지만, 노사 자율교섭은 여전히 제한적이었고 사회적 대화의 경험은 일천했다.

그러던 중 닥친 1997년의 외환위기는 사회적 대화의 중요한 전환점이 되었다. 정부와 노사 모두 위기 극복을 위해서는 고통 분담과 타협이 불가피함을 절감하고, 사회적 대화에 적극 나서게 된 것이다. 김대중 정부 출범 직후인 1998년 1월 노사정위원회가 꾸려져 사회적 대화가 본격화되었다. 여기서 노동계는 정리해고제나 파견노동제 등 노동시장 유연화 조치를 제한적으로 수용하는 대신, 정부와 경영계로부터 노동기본권 보장, 실업 대책, 기업 구조조정 과정에서 노동자의 참여 등을 약속받았다.

이는 노사정 모두 양보와 타협을 통해 경제위기 극복에 동참한 역사적 사례로 평가된다. 당시 노사정위원회에서 90개조의 합의안이 마련되었고, 이후의 과정에서 사회적 대화는 실업 확산의 방지와 신속한 경제 회복에 기여한 것으로 평가되고 있다. 나아가 이 과정에서 노동조합의 사회적 위상이 제고되고, 노사관계의 법·제도적 기반이 정비되는 성과도 있었다.

사회적 대화가 외환위기 극복의 동력이 되었음에도, 이후 한국 사회에서 그것은 지속적이고 안정적으로 발전하지 못했다. 2000년대 들어 오히려 노사 간 이해 대립이 첨예화되고 사회적 대화는 형식화되는 경향을 보였다. 사회적 대화가 형해화된 데에는 여러 요인이 작용했다. 한국 경제의 구조적 모순과 양극화가 개선되지 않으면서 노사간 불신과 대립의 골이 깊어졌다. 재벌 대기업 중심의 경제구조와 비정규직 확산, 사내하청 등 고용 불안정성이 지속되면서 노동계의 불만도 누적되었다. 경영계도 글로벌 경쟁 심화에 따른 비용 절감과 노동 유연성 제고 요구를 멈추지 않았다. 타협은 어려웠고 양극화는 심화되었다. 정치와 노사관계에 대한 무력감은 커져갔다.

노사 행위자들의 역량을 강화하고 그들이 주도적으로 참여하는 틀을 만드는 데에 실패한 정부들은 사회적 대화를 형식적으로 운영하거나 정책 홍보 수단으로 활용하는 데에 머물곤 했다. 사회적 대화의 의제도 임금이나 근로조건 등 당면 현안에 머물기 십상이었고, 그를 통해 새로운 경제사회 모델에 대한 비전 제시에는 한계를 보였다. 이는 전문가들의 한계이기도 했다. 첨예한 의제들에 대한 합의 자체도 미흡했지만, 어느 정도 합의가 된다고 해도 그 이행에 있어서 한계를 보이기도 했다.

2010년대 들어 사회적 대화 활성화를 위한 정부 차원의 노력이 다시 본격화되었다. 2013년 박근혜 정부는 '경제사회발전노사정위원회'를 통해 사회적 대화 추진 동력을 강화하고자 했고 2015년 이른바 9.15 합의를 도출했으나, 정부가 합의를 파기하는 방식의 무리한 실행을 도모하면서 협약체제를 스스로 깨는 우를 범했다. 2018년 문재인 정부는 기존의 기구를 '경제사회노동위원회'로 개칭하고 역할을 확대, 강화시켜 노동존중 사회의 실현과 사회적 대화의 보다 굳건한 제도화에 방점을 두었다. 2019-2020년에는 탄력근로제 개선에 대한 합의를 도출하기도 했으나, 민주노총의 참여거부와 청년-여성-비정규직 대표들과의 조율 실패로 정부의 의지와 무색하게 사회적 대화의 활성화에 실패하고 만다. 코로나 위기 시기였던 2020년 정부는 민주노총이 참여하는 원포인트 사회적 대화의 추진을 추구했으나 그 역시 민주노총 내부 조율의 실패로 온전한 정치적 성과를 거두지 못하고 말았다.

전반적으로 불평등, 양극화 등 한국 사회의 뿌리 깊은 모순을 해소하고 지속가능한 경제사회 발전을 위한 대안을 함께 모색해 가는 데 있어, 한국에서 사회적 대화의 역할은 여전히 제한적이다. 대기업과 중소기업, 정규직과 비정규직으로 분절된 이중 노동시장 구조 속에서 노동계 내부의 이해관계도 첨예하게 엇갈리고 있다. 경영계의 사회적 책임과 연대의식 역시 여전히 부족한 상황이다. 이러한 문제는 단지 어떤 기구를 하나 둔다고 해결될 문제가 아니다. 행위자들 스스로 보다 면밀한 상호작용을 전개하면서 역지사지할 수 있는 소통과 문화의 기반이 마련되어야 한다. 사회적 대화가 의회정치와 달리 일종의 소프트파워를 추구하는 거라면, 소프트파워의 추구방식상의 소프트한 노력이 더욱 더 있어야 한다. 그러기 위해선 단지 중앙정부와 정상단체들(peak associations)의 참여만이 아니라 지역과 현장에서부터 다양한 이해당사자들로 이루어진 시민들의 참여와 스킨쉽이 활성화될 필요가 절실하다.

특히 사회적 대화는 지금의 복합적 위기와 대전환의 시대를 헤쳐나가기 위한 필수적인 경로다. 과거 권위주의적 노사관계를 넘어 노사민정 간의 신뢰와 협력을 토대로 한국 사회의 역동적이고 통합적인 발전을 모색해 가는 것이 한국 사회의 발전단계에서 반드시 도모해야 할 일종의 통과의례라고 할 수 있다. 노사민정 모두가 소모적 대립과 투쟁의 과거를 반면교사 삼아 미래세대를 바라보며 공동의 도전에 맞서 적극적인 소통과 참여를 통해 상호신뢰를 쌓고 사회통합의 비전을 함께 만들어 가야 한다. 그를 통해 노동시장의 이중구조 개선과 격차 완화, 디지털 전환에 따른 일자리 재편에 공동으로 대응할 수 있는 사회적 소통의 기반을 새롭게 틀짓고 강화해야 한다.

단언컨대, 현재 우리가 직면한 대전환의 소용돌이 속에서 고용안정과 지속가능한 발전을 담보할 수 있는 유일한 열쇠는 사회적 대화에 있다고 해도 과언이 아니다. 노사는 물론 정부, 시민사회 등 각계각층이 함께 참여하여 한국 경제사회의 미래상을 그려나가는 숙의와 공론의 과정이 절실하다. 이를 통해 단기적 이해관계를 넘어 포용과 상생의 노사관계, 지속가능한 발전을 위한 사회적 합의를 끊임없이 창출해 나가야 한다. 그리고 그 시작은 기초단위의 지역에서부터 이루어져야 한다. 그래야 아래로부터의 합의된 민의가 기반이 된 정책형성이 가능하고 그것이야말로 우리의 민주주의를 한층 업그레이드시키면서 동시에 우리 사회에서 무너져 내린 평등의 축을 강화시키면서 통합된 번영의 길을 가능케 하는 길이라 하지 않을 수 없다.

일자리 문제, 사회적 대화로 풀어야

한국에서 일자리 문제가 최대 화두로 부상한 것도 1997년 외환위기 이후부터다. 당시 대량실업 사태와 고용불안정성이 사회 문제로 대두되면서, 노사정 모두에게 일자리 문제의 심각성을 각인시켰다. 당시 김대중 정부는 '노사정위원회'를 통한 사회적 대화를 통해 정리해고제, 파견근로제 등 노동시장 유연화 조치를 관철시키는 동시에, 공공근로사업, 실업자 직업훈련 등 적극적 노동시장정책을 대대적으로 실시하여 실업 문제에 대응했다.

IMF 위기 극복 이후에도 한국 경제는 저성장 기조로 전환되었고, 청년실업, 비정규직 증가 등 고용의 질 저하가 고착화되었다. 수출주도 대기업 중심의 성장 전략은 지속되었지만, 내수기반 중소기업과 서비스업의 일자리 창출 역량은 취약했다. 게다가 2000년대 이후 제조업 공동화와 산업구조 재편이 가속화되면서 전통적 제조업 일자리는 급감한 반면, 신산업 분야의 일자리 창출은 더디게 진행되었다. 여기에 장기화된 경기 침체, 인구 고령화, 4차 산업혁명의 기술 변화 등이 복합적으로 작용하면서 일자리 위기는 더욱 증폭되었다. 2010년대 이후 청년실업률이 10%대로 치솟고, 제조업 노동자와 자영업자의 일자리가 대거 감소하는 등 전방위적 고용 쇼크가 발생했다.

2010년대 후반 소득주도 성장과 혁신성장을 내세운 문재인 정부가 들어서서 일정한 변화를 이루었지만, 그 양상은 본질적으로 개선되지 못했다. 오히려 최저임금 인상, 주52시간제 등의 노동정책이 자영업자와 영세 사업장의 고용 부담으로 작용하면서 일자리 감소가 발생하면서 정쟁의 빌미가 제공되기도 했다. 2020년 코로나19 팬데믹 국면에서 고용 충격은 극에 달했다. 감염병 확산에 따른 경제활동 위축으로 취약계층 노동자들의 일자리가 대거 사라졌고, 특히 여성, 청년층의 고용 상황이 급격히 악화되었다. 정부의 대대적 재정 투입과 일자리 정책아 있어서 그나마 일정한 효과를 보았지만, 고용 회복세는 더디게 나타났고 코로나 이전 수준을 회복하기까지는 일정한 시일이 걸릴 전망이다. 게다가 오늘날 4차 산업혁명의 기술변화와 포스트 코로나 시대의 비대면화 추세는 새로운 고용 위기 요인으로 주목받고 있다.

일자리 문제의 구조화, 장기화는 정부 정책만으로는 한계가 뚜렷하다는 것을 알려주고 있다. 경제의 체질 개선과 고용 시스템의 전환을 위해서는 정부와 기업, 노동계가 함께 대안을 모색하고 책임을 분담하는 사회적 대화와 타협이 필수 불가결해졌다. 1990년대 후반 이후 역대 정부들이 사회적 대화에 공을 들인 것도 일자리 위기 극복을 위한 노사정 합의를 이끌어내기 위해서였다.

앞서도 언급했지만, 그동안의 사회적 대화가 일자리 문제 해결에 뚜렷한 성과를 거두었다고 보기는 힘들 것이다. 양대 노총과 경총, 정부가 참여하는 노사정위원회, 경제사회노동위원회에서 매년 수차례의 회의와 합의가 있었지만, 실효성 있는 일자리 대책으로 이어지지는 못했음을 인정해야 한다. 노사 모두 당면한 임금, 근로조건 등 단기적 현안에 몰두했고, 중장기적 일자리 의제 논의는 뒷전이 될 수 밖에 없었고 정부도 그것을 뚝심 있게 끌고 가지 못했다.

2004년 노무현 정부 시절 일자리 창출을 위한 노사정 합의가 일시적으로 주목을 받기도 했다. 그러나 이는 재정지원 일자리 사업에 그쳤을 뿐, 민간 부문의 지속가능한 일자리 창출로는 연결되지 못했다. 이명박, 박근혜 정부에서는 친기업적 정책기조 하에 노동유연화를 관철하는 한편, 고용률 70% 달성을 위해 재정 일자리를 대폭 확대했지만, 노동계의 반발로 갈등만 증폭시켰을 뿐 고용의 질 개선에는 한계를 드러냈다. 문재인 정부 들어 출범한 '경제사회노동위원회'에서도 일자리 의제가 핵심 과제로 다뤄졌지만 별 뚜렷한 가시적 성과를 내지 못했다. 코로나19 고용위기 대응을 위한 노사정 논의도 소득보전 대책이나 고용유지지원금 확대 등 단기 처방에 그쳤다고 볼 수 있다.

일자리 문제가 복합적이고 구조적 성격을 띠고 있는 만큼, 이를 풀기 위한 사회적 대화도 보다 혁신적인 방향으로 모색되어야 할 것이다. 사회적 대화에 참여하는 노사민공의 대표성과 역량을 강화하여 다양한 업종과 계층, 세대의 목소리를 폭넓게 수렴함과 동시에 전문성도 강화하는 것이 중요하다. 특히 대기업과 중소기업, 정규직과 비정규직, 청년과 여성 등 이해관계가 다른 집단들이 함께 참여하는 포용적 대화 틀을 유기적으로 꾸려가는 것이 절실하다. 여기에 자영업자와 플랫폼 노동자 등 새롭게 부상하는 취약 계층의 이해관계도 대변될 수 있게 해야 한다. 그러한 시도가 문재인 정부에서부터 본격화되긴 했으나 여전히 기존의 참여주체들과 새로운 참여주체들간의 유기적인 결합방식은 찾지 못했다. 그러한 이유는 사회적 대화가 특정 기구 안에서 특정 현안을 중심으로 일회적으로 작동하기 때문이 아닐까 생각한다. 사회적 대화의 저변확대는 그것이 가능하도록 투자를 도모하고 기반조건을 조성하는 것이 필요하다. 그것을 위해 시민참여형 사회적 대화가 되고 그것이 현실에서 우러나오는 일자리 개혁으로 이어질 수 있도록 되어야 한다.

의제 측면에서도 임금, 근로시간 등 전통적 의제를 넘어 산업구조 전환, 인력 수급, 역량 개발, 고용 서비스 등 노동시장 전반을 아우르는 포괄적 논의가 필요하다. 특히 4차 산업혁명, 인구 고령화, 기후변화 등 메가트렌드에 따른 일자리 변화에 선제 대응하기 위한 사회적 논의와 합의가 시급하다. 무엇보다 그러한 전환의제들은 모두 일자리와 관련이 깊고 그것들은 그 동안의 일자리 질서에 대한 근본적인 도전으로 다가온다. 따라서 지속가능성을 염두에 둔 일자리 개혁의 청사진을 시민들의 참여를 통해 마련하고 그것을 위한 사회적 대화의 틀을 참신하고 혁신적으로 기획해 갈 필요가 있다.

그러한 과정에서 노사민공 모두 기존의 관행과 틀에서 벗어나 혁신적 접근을 취할 필요가 있다. 노동계는 기득권 지키기식 요구에서 벗어나 미래 일자리 변화에 대한 능동적 대응 자세를 보여야 한다. 노동약자들을 비롯한 노동시장의 다양한 위치에 있는 시민들이 정교한 목소리를 내도록 해야 한다. 경영계는 이윤 중심주의를 넘어 '사회적 가치' 창출과 '좋은 일자리' 확대에 대한 인식 전환이 필요하다. 당장의 이윤도 중요하지만 이제는 이윤창출의 근본 방법 자체가 변화되어야 하고, 거기에서 최대한 좋은 일자리를 유지하고 발전시키는 것을 전제로 사고를 진행시킬 필요가 있다. 전문가들 역시 기존의 형애화된 분과정책의 틀 안에서 움직이지 말고 틀을 깨고 새로운 도전을 받아들여 새로운 틀을 만들려는 대승적 차원에서 임해야 할 것이다. 이러한 모든 요소들이 잘 협력할 때 지속가능한 일자리 생태계를 조성하는 사회적 대화가 성공을 거둘 수 있을 것이다.

특히 정부는 사회적 대화를 명목으로 내세우고 실상 독단적인 정부 아젠다를 밀어붙친다거나, 아니면 단지 노사 자율이라는 명목을 허울로 내세우며 뒤에 숨고 방치하는 게 아니라, 현실의 타당한 사회적 대화의 적극적 기획자이면서도 조정자이자 조력자로 역할을 해야 한다. 이 부분은 한국 사회적 대화의 역사와 관행에 비추었을 때 가장 어려운 부분이지만, 그 동안의 시행착오를 토대로 지금 새롭게 시도하지 않을 수 없는 과제다. 세제 지원이나 인센티브 제공 등을 통해 기업들의 고용 창출과 근로조건 개선을 유도하는 일, 직업훈련과 고용서비스 혁신을 통해 수요-

공급 미스매치를 해소하는 데 힘쓰는 일 등 전통적인 정부의 역할들이 모두 사고되어야 할 것이나, 그러한 기존의 관행적인 역할수행과 뻔한 프로그램의 재탕으로 사회적 대화의 주된 내용을 가득 채워서는 안 될 것이다.

오히려 시민들로 하여금 먼저 질문을 던지게 하고 그에 대해 스스로 답하게 하는 사회적 대화를 선행하면서, 거기에서 나온 의제들과 과제들을 잘 종합하여 정부의 역할을 새롭게 설정하고 배치해 내려는 노력이 필요하다. 그랬을 때, 노동시장 이중구조 개선을 위한 종합적 로드맵을 제시하고, 비정규직 차별 철폐와 사회안전망 강화를 위한 제도적 기반을 다지는 등의 종합적인 과제 설정도 제대로 실행력을 얻고 빛을 발할 수 있다. 그간 방안이 없어서 문제였던 것이 아니라 그것이 종이 위에서만 화려함을 간직하고 현실로 나와서는 겉돌았던 것이 문제였다. 여기에는 민의 자발적 참여가 미흡했다는 것이 핵심이었음을 인지해야 한다. 새로운 사회적 대화는 따라서 정말로 아래에서부터 풀뿌리 목소리들을 담아내면서 가야 하고, 그것을 민감하게 받아 안아 정책으로 승화시켜 내는 용기와 주도면밀함이 필요하다.

일자리 문제는 정부, 기업, 노동계 어느 한 주체의 노력만으로는 풀 수 없는 중차대한 과제다. 사회적 대화를 통해 각계각층의 목소리를 모으고 함께 대안을 모색하는 지혜가 절실하다. 특히 코로나 이후 새로운 노동시장 환경 변화에 맞춰 어떤 일자리를 어떻게 창출하고 보호할 것인지에 대한 전사회적 합의가 시급하다. 장기적으로는 노동존중 문화를 확산하고, 인적자원에 대한 투자를 대폭 확대하는 사회적 분위기 조성도 중요하다. 기업의 사회적 책임 강화, 공정한 성과 배분, 노동자의 경영참여 등을 통해 노사 간 신뢰와 협력의 생태계를 구축하는 과제도 절실하다. 교육부터 취업, 은퇴에 이르기까지 전 생애에 걸친 역량개발 체계를 갖추고, 노동시장 취약계층에 대한 두터운 보호 장치를 마련해야 하는 과제도 익히 알고 있으나 그 타당한 실행력은 전혀 담보되지 못하고 있다. 노동시장의 주체들은 자신들만의 이해관계를 넘어 전환기 복합위기의 극복이라는 시대적 소명 의식을 가지고 적극적 소통과 타협에 나서야 한다. 사회적 대화를 통한 혁신적 일자리 대책, 지속가능 일자리의 시민참여형 실현만이 우리가 기대하는 타당한 미래를 열어갈 수 있는 길이다.

지속가능 일자리를 위한 독일의 사회적 대화 '노동 4.0'에의 주목

4차 산업혁명으로 대변되는 디지털 전환의 물결은 우리의 삶과 일터에 근본적 변화를 예고하고 있다. 인공지능, 사물인터넷, 빅데이터 등 첨단기술의 발전은 산업구조는 물론 고용관계와 작업방식에도 지각변동을 일으키고 있다. 기술혁신이 가져올 편익과 위험, 기회와 도전에 어떻게 대응할 것인가는 우리 시대 모두에게 던져진 화두다. 그래서 독일은 새로운 사회적 대화를 통해 답을 찾아나가고자 했다. 산업계는 인더스트리

4.0을 내세우며 나아갔고, 정부와 노동계는 그것을 받아 안아 노동 4.0으로 승화시켜 갔다. 독일의 노동4.0 사회적 대화는 우리가 주목해야 할 가치들과 내용들로 가득 차 있다. 폭스바겐의 Auto5000공장을 벤치마킹하여 광주형 일자리 GGM을 만들었듯이, 이제 노동4.0을 벤치마킹하여 지속가능 일자리를 위한 사회적 대화를 설계할 필요가 있다. 일단 독일의 경험에 대해서 좀 더 소개해 보도록 하겠다.

지난 2010년 대 초중반 독일 정부는 제조업의 디지털 전환을 국가적 의제로 설정하고 '인더스트리 4.0'이라는 이름의 프로젝트를 공식 출범시켰다. 제조공정의 스마트화와 가치사슬의 최적화를 통해 새로운 성장동력을 창출하고 세계 제조업을 선도하겠다는 전략이었다. 그런데 독일이 주목받은 것은 단지 기술과 산업정책 때문만은 아니었다. 인더스트리 4.0을 뒷받침할 노동과 사회정책의 쇄신을 위해 노동 4.0이라는 대규모 사회적 대화에 착수했기 때문이다.

인더스트리 4.0의 성패는 기술적 혁신 못지않게 노동세계의 변화에 얼마나 잘 대응하느냐에 달려 있다는 인식 아래, 2015년 4월 연방노동사회부는 노사정 대표와 전문가, 시민사회가 참여하는 사회적 대화 '노동 4.0'을 공식 출범시켰다. 노동의 디지털화에 따른 일자리 변화, 노동시간과 작업방식의 유연화, 사회안전망과 노동자 권익 보호 등을 의제로 1년 6개월간 오프라인과 온라인의 다양한 소통 창구를 통해 치열한 토론이 이어졌고, 그 결과는 2016년 11월 '백서(White Paper)'로 발간되었다. 이는 인더스트리 4.0 시대를 대비한 노동사회정책의 로드맵으로서, 독일 정부의 구체적 정책 수립과 입법의 기초가 되었다.

인더스트리 4.0은 제조업의 디지털화와 스마트화를 통한 독일의 산업 경쟁력 강화전략을 일컫는다. 사이버물리시스템(CPS)을 기반으로 제품-기계-공정을 실시간 연결하고 데이터 기반의 자율제어와 최적화를 구현함으로써 유연하고 효율적인 맞춤형 생산을 가능케 한다는 것이 핵심이다. 독일은 인더스트리 4.0을 통해 새로운 부가가치와 비즈니스 모델을 창출하고, 제조업 혁신을 주도함으로써 '제조업 강국'으로서의 위상을 공고히 하겠다는 청사진을 제시했다.

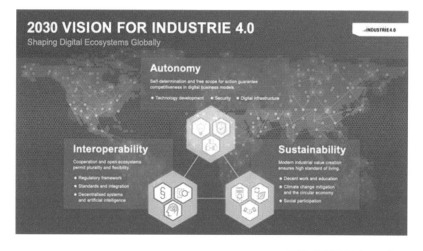

자료: 플랫폼 인더스트리 4.0

독일은 인더스트리 4.0의 성공을 위해서는 기술과 산업의 변화에 걸맞은 노동과 사회 시스템의 혁신 또한 뒷받침되어야 함을 간과하지 않았다. 디지털 기술이 노동시장과 작업환경, 고용관계에 미칠 충격에 선제적으로 대비하면서 기술 도입의 걸림돌을 해소하고 사회적 수용성을 제고하는 게 관건이라고 보았던 것이다. 특히 독일 정부는 인더스트리 4.0이 몰고 올 일자리 대체와 노동시장 양극화, 노동 유연화로 인한 고용 불안정, 노동강도 강화와 노동자 권익 침해 등의 위험을 경계했다. 동시에 기술 발전이 가져다줄 물리적 노동부담 감소, 유해환경 개선, 자율성과 창의성 증대, 일-가정 양립 기회 확대 등의 긍정적 변화 가능성에도 주목했다. 중요한 것은 기술변화를 최대한 노동친화적인 방향으로 이끌어가는 일이었다.

이에 독일 정부는 노동의 디지털화에 따른 기회와 위험에 대해 사회 각계가 머리를 맞대고 논의할 수 있는 '사회적 대화'의 장을 열기로 했다. 노사정은 물론 학계, 시민사회 등 이해관계자들이 폭넓게 참여해 변화를 진단하고 바람직한 정책 방향을 모색하는 민주적 논의 과정을 통해 최선의 미래상을 그려가겠다는 구상이었다. 이렇게 해서 2015년 4월 연방노동사회부(BMAS) 주도로 '노동 4.0(Arbeiten 4.0)' 대화 프로젝트가 시작되었다. '좋은 일자리(Gute Arbeit)'와 '숙련노동(Qualified Work)'을 핵심 가치로 내건 노동 4.0은 사회적 대화와 참여, 합의를 통해 디지털 시대 새로운 노동의 규범과 질서를 정립하고자 했다. 노동시장 구조변화와 고용관계 재설계, 직업능력개발과 평생학습, 사회안전망 확충과 노동자 권익 제고 등을 폭넓게 다루면서 노동의 미래에 대한 사회적 합의 도출을 지향했다.

▶ 노동 4.0 사회적 대화 프로세스

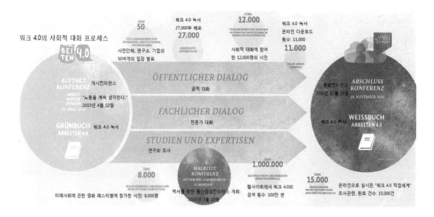

노동 4.0은 정부-노동계-경영계-학계-시민사회 등 다양한 이해관계자들이 참여하는 전 사회적 대화 프로세스로 진행되었다. 2015년 4월 공식 출범 이후 약 1년 6개월에 걸쳐 전문가 토론회, 워크숍, 시민 대화 등 다각도로 의견 수렴이 이뤄졌고, 최종 결과물인 '백서'가 2016년 11월 발간되기까지 치열한 토론이 벌어졌다. 우선 연방노동사회부는 노동계, 경영계, 학계, 시민사회 전문가 7명으로 '자문위원회'를 구성하고, 정책 의제와 방향성을 제시한 '녹서(Green Paper)'를 발간했다. 녹서에는 노동 4.0의 범위와 주요 쟁점으로 △디지털화와 노동시장 변화 △노동시간과 근로장소의 유연화 △직업훈련과 역량개발 △사회보장제도 개편 등 8개 의제가 제시되었다.

녹서를 기초로 본격적인 토론이 두 갈래로 진행되었다. 하나는 전문가 패널 중심의 학술토론회와 정책워크숍이었고, 다른 하나는 일반 시민들이 참여하는 온라인 토론과 지역순회 대화였다. 전문가 트랙에서는 주제별로 18차에 걸친 심층 워크숍이 개최되었다. 각계 전문가들이 모여 디지털화에 따른 고용시장 구조변화, 노동시간 유연화와 모바일 근무, 크라우드소싱과 플랫폼노동, 사회안전망 사각지대, 직업교육훈련 혁신 등에 대해 현황과 문제점을 진단하고 정책 대안을 모색했다. 학계의 연구 성과 발표, 노사단체와 시민사회의 의견 개진, 전문가 간 토론 등이 활발히 이어졌고, 50건이 넘는 정책 제안이 이 과정에서 나왔다. 시민사회 참여도 활발했다. 연방노동사회부 홈페이지 내 '노동 4.0 대화 플랫폼'을 통해 일반 시민들의 제안과 의견이 접수되었다. 디지털 기술발전에 따른 일자리 변화와 전망, 노동시간 유연화와 재택근무 확대에 대한 평가, 플랫폼 노동 확산과 사회보장 개선 방안 등 다양한 주제로 토론이 오갔다. 1년간 1만여 명이 플랫폼을 찾았고 5,400여 개 의견이 등록될 만큼 뜨거운 관심을 받았다. 이 밖에도 전국 각지에서 열린 시민토론회, 청년포럼, 기업 설명회 등을 통해 사회 각계각층의 목소리가 폭넓게 반영되었다.

이렇게 모인 논의 결과는 2016년 3월 중간 점검회의를 거쳐 전술하였듯이 같은 해 11월 최종 결과물인 '백서(White Paper)'로 발간되었다. 백서의 제목은 "새로운 노동의 시대를 위한 사회적 대화"로, 노동 4.0 비전과 정책과제를 278쪽에 달하는 방대한 분량에 담아 제시했다. 백서에 담긴 주요 내용은 다음과 같다.

먼저 디지털 기술 발전에 따른 노동시장의 구조변화에 대한 면밀한 분석이 이뤄졌다. 로봇과 인공지능의 발전으로 단순 반복 업무는 상당 부분 기계로 대체될 것으로 내다봤다. 반면 창의력과 사회적 능력이 요구되는 일자리는 늘어날 것으로 전망했다. 전체 일자리 규모는 크게 감소하진 않겠지만 업종과 직종 간 불균형이 심화할 것으로 예상했다. 이에 백서는 노동시장 변화에 효과적으로 대응하기 위한 정책 로드맵을 제시했다. 무엇보다 교육훈련과 숙련 체계의 쇄신을 통해 디지털 역량을 갖춘 노동력을 양성하는 게 시급하다고 강조했다. 노동시장 이행기 청년층에 대한 체계적 직업훈련, 재직자 대상 지속적 역량개발 지원, 전 생애에 걸친 평생 직업능력 체계 구축 등을 주요 과제로 꼽았다.

다음으로 유연한 노동시간과 모바일 오피스 도입을 뒷받침할 제도적 기반 마련에 대해 다뤘다. 디지털 기술 발달로 언제 어디서나 일할 수 있게 된 만큼, 노동자의 시간주권 보장과 일-삶의 균형을 위한 지원이 필요하다는 것이다. 노동시간계좌제 도입, 노사 합의에 의한 탄력근무제 활성화, 재택·원격근무 인프라 확충 등이 제안되었다.

나아가 프리랜서, 크라우드 워커 등 새로운 고용형태 종사자 보호 방안도 강구되었다. 이들은 급여, 노동조건, 사회보험 등에서 전통적 고용 노동자에 비해 취약한 만큼 사회안전망 사각지대 해소가 시급한 과제로 부각되었다. 플랫폼 노동자의 법적 지위 보장, 산재보험료 플랫폼 사업자 부담, 프리랜서 대상 실업보험 적용 등이 주요 정책 아이디어로 제시되었다.

노사 간 힘의 균형을 이루고 집단적 이해대변 체계를 혁신하는 문제도 중요하게 다뤄졌다. 기업 단위를 넘어선 초기업적, 산업별 노사관계 틀을 모색하고, 사용자단체와 노동조합의 조직 혁신을 통해 이해대변의 포괄성을 높여야 한다는 제안이 나왔다. 동시에 작업장 혁신과 노동자 참여, 노동이사제 도입 등을 통해 기업 지배구조의 민주화도 추진해야 한다고 강조했다.

사회보장 체계의 포괄성과 연대성 강화 방안도 모색되었다. 고용보험의 대상과 급여를 확대하고, 전 국민 대상 기초연금 도입, 빈곤 예방을 위한 최저소득보장제 강화 등이 주요 의제로 다뤄졌다. 노동시장 이행기 청년층, 저임금 노동자, 여성 등 취약계층에 대한 두터운 사회안전망 구축이 디지털 전환기 포용성장의 전제임을 확인한 것이다.

노동4.0의 백서는 그 자체로 미래 노동시장을 겨냥한 포괄적인 사회적 합의였다. 당장의 현안이 아니라 지금까지의 상황에 대한 성찰과 미래의 상황에 대한 예견을 곁들여 하나의 큰 사회적 약속을 한 것이다. 전문가들과 시민들이 서로 긴밀히 얽혀 녹서를 만들고 사회적 대화를 진득하게 전개하면서 의견들을 수용하려 노력한 것은 정말 부럽고 주목할 만한 모습이다. 한국도 전국적으로 이러한 노력이 만들어지면 얼마나 좋을까? 그러나 이러한 역량은 독일의 민주주의 역량과 시민들의 수준 등이 기반이 되어 발휘된 것이다. 우리에게는 아직 그 정도의 뚝심과 자원이 없다.

그렇다고 우리의 한계를 탓하고 자포자기할 일은 아니다. 먼저 깨어 자각한 자가 실천하는 것에서 혁신의 물꼬가 트이는 법이다. 기초자치단 체장으로서 나는 우리 구가 가지고 있는 자원을 총동원하여 이러한 류의 실천을 전개하려고 한다. 지속가능한 일자리 = 시민참여형 일자리라고 하는 화두를 가지고 광범위한 사회적 대화를 전개할 것이며, 시민들이 현재의 전환기에서 느끼는 불안과 미래의 일자리를 떠올리며 기대하는 바를 최대한 잘 담아 아젠다로 정립하고 그것이 실현될 수 있는 길을 찾아 갈 것이다. 이는 선험적으로 어떤 정책이 답이다라고 지적하면서 먼저 관이 깃발을 들고 따라오라고하는 낮은 수준의 민주주의를 넘어서려는 진지한 노력이 될 것이며, 그 성과는 온전히 시민들에게 돌아갈 것이다.

노동4.0의 의의

독일에서 2년여에 걸쳐 전개된 노동 4.0 사회적 대화는 몇 가지 주목 할 만한 성과를 남겼다. 무엇보다 인더스트리 4.0으로 대변되는 기술변 화에 노동세계가 어떻게 대응해야 할지에 대한 사회적 논의의 장을 열었 다는 점에서 그 의미가 크다. 그간 경제, 기술 분야에 비해 상대적으로 소 홀했던 노동 의제를 전면에 끌어냈고, 학계와 노사는 물론 시민사회가 폭 넓게 참여한 민주적 토론을 이끌어냈다. 특히 플랫폼 노동, 고용형태 다양화 등 새롭게 부상하는 노동 현안을 발 빠르게 의제화하고 선제적 대응 방안을 모색했다는 평가를 받는다. 전통적 노동시장 정책의 사각지대에 있던 이들 주제를 사회적 대화의 장으로 끌어들이고 논의를 본격화했다는 점에서 노동 4.0의 선도성을 엿볼 수 있다.

정책적으로 노동4.0은 디지털 시대 새로운 노동의 규범과 기준을 제시했다는 점이 돋보인다. 노동시간 유연화와 모바일 근무 도입, 플랫폼 노동자 보호, 직업능력개발 체계 혁신, 사회안전망 포괄성 제고 등 백서에 담긴 정책 방향은 법제도 개선의 길잡이 역할을 했다. 실제 2017년 노동시간 단축법, 2021년 온라인플랫폼중개법 등 후속 입법으로 백서의 제안이 상당 부분 구체화되기도 했다. 사회적 대화의 장으로서 노동 4.0이 남긴 유산도 적지 않다. 기술변화에 대한 다양한 이해관계자들의 목소리를 폭넓게 담아내고 사회적 공감대 형성에 기여했다. 노사 및 시민사회의 적극적 참여로 숙의민주주의 모델로서 가능성을 보여줬다는 평가다. 과정도 내용도 모두 주목할 만하다.

한계도 존재한다. 무엇보다 노동 4.0을 통해 형성된 사회적 공감대가 구속력 있는 합의로 이어지진 못했다. 백서에 담긴 정책 제안 중 상당수는 노사 이견으로 입법이 지연되거나 후속 조치가 제대로 이뤄지지 않은 것이 사실이다. 독일 경영계가 디지털 전환에 따른 노동시장 유연화 필요성을 강조한 반면, 노동계는 노동기본권 침해 우려와 함께 강력한 규제 도입을 요구하는 등 입장차를 좁히지 못한 것이다. 제도화 수준도 미흡했다는 지적이 나온다. 노동 4.0이 일회성 토론에 그치지 않고 지속가능한 사회적 대화 플랫폼으로 발전하기 위해서는 안정적 재원 마련, 법적 지위 부여 등 제도적 기반 강화가 필요한데, 이 부분에서는 진전이 더딘 편이다. 코로나 팬데믹 이후 급변하는 노동환경 변화에 기민하게 대응하지 못하고 있다는 비판의 목소리도 있다. 비대면 경제의 확산, 원격근무 일상화 등에 따른 새로운 노동 이슈에 대한 논의가 본격화될 필요가 있다는 것이다.

그럼에도 노동 4.0은 기술변화의 물결 속에서 노동의 미래를 모색하는 많은 나라에 시사하는 바가 크다. 특히 제조업의 나라로 향후 혁신을 국가적 의제로 추진 중인 우리로서는 더욱 더 귀감이 될 만한 사례임이 분명하다. 특히 디지털 전환의 시대, 기술발전이 가져올 충격에 선제적으로 대비하고 사회적 합의를 통해 대응 방안을 모색하는 일이 그 어느 때보다 중요해졌다. 독일 노동 4.0이 보여준 모범 사례를 충실히 살피고, 우리 현실에 맞는 고민과 실천을 해나가야 할 때다. 그 일환으로 몇 가지를 짚어 보면 다음과 같다.

첫째, 사회적 대화의 장으로서 노동계와 경영계, 정부는 물론 학계, 시민사회가 폭넓게 참여하는 민주적 논의 구조를 만드는 게 중요하다. 독일의 사례에서 보듯 기술변화에 대한 다양한 이해관계자들의 목소리를 담아내고 지혜를 모으는 과정이 필수적이다. 일방적, 하향식 접근이 아니라 열린 소통과 공론화를 통해 사회적 합의를 이끌어내는 노력이 요구된다.

둘째, 그를 통해 노동시장 변화 양상을 면밀히 분석하고 법제도적 기반을 혁신해 나가야 한다. 플랫폼 노동 확산, 고용형태 다변화 등 노동현장에서 나타나는 새로운 흐름을 포착하고, 이에 걸맞은 보호 장치를 마련하는 것이 급선무다. 노동법, 사회보장법 등 기존 제도를 혁신하는 한편, 필요하다면 과감한 신설 입법도 검토해야 한다.

셋째, 기술발전이 고용과 노동에 미치는 영향에 대해 선제적으로 고민하고 사회적 대화를 통해 대응 방안을 모색해야 한다. 경제산업정책 차원에서 디지털 전환을 논의할 때 노동 의제를 어떻게 유기적으로 결합할 것인지 깊이 있게 고민해야 한다. 단순히 규제 완화나 노동시장 유연화에 초점을 맞출 게 아니라, 기술 도입에 따른 고용 충격을 최소화하고 노동의 질을 높이는 방향으로 정책 방향을 잡아야 할 것이다.

넷째, 디지털 역량을 갖춘 노동력 양성과 평생직업능력개발 체계 구축에 힘써야 한다. 신기술 습득, 숙련 개발을 위한 체계적 지원 시스템을 갖추고, 전 생애에 걸친 역량개발이 가능하도록 제도적 기반을 다져야 한다. 노동시장 이행기 청년층은 물론 기술변화에 취약한 중장년층까지 아우르는 폭넓은 접근이 필요하다.

다섯째, 취약계층에 대한 사회안전망 확충에도 만전을 기해야 한다. 플랫폼 노동자, 특수고용직 등 고용보험 사각지대에 있는 이들에 대한 두터운 보호 장치를 마련하고, 실직과 빈곤에 취약한 계층을 위한 소득보장

정책도 강화해야 한다. 기술 전환의 과실이 사회 구성원 모두에게 고루 돌아갈 수 있도록 포용적 접근이 필요한 대목이다.

이 모든 것을 나는 지속가능 일자리라고 하는 화두로 묶을 수 있다고 본다. 현재 다양한 위치에서 다양한 도전을 받고 있는 이들 모두 일정하게 자신들의 목소리를 내며 미래의 불안을 제거하고 지속가능한 일자리를 디자인하는 주체가 되어야 한다. 계속 강조하지만 그것이야 말로 시민 참여형 일자리의 핵심 모습이며, 우리도 심도 있는 사회적 대화, 아래로부터의 사회적 대화(grounded social dialogue)를 통해 그 길을 다져 나갈 수 있다고 본다. 그 과정 자체가 우리의 민주주의를 업그레이드 시키는 길이며 우리의 사회가 미래에 보다 살 만한 곳이 되도록 만드는 길이다.

광주형 일자리에서의 사회적 대화

지속가능일자리의 맹아적인 실험으로 우리 사회에서 작은 희망을 만들어 낸 시도가 있다. 바로 광주형 일자리이다. 최근 일자리 문제 해법으로 주목받은 '광주형 일자리' 모델은 지역 단위 사회적 대화를 구상함에 있어 눈여겨 보아야 할 사례라고 생각한다. 2014년 민선6기 광주광역시가 추진한 정책의 핵심이 '광주형일자리'였고 그것은 이후 문재인 정부 하에서 꽃을 피웠으며, 상생형 지역일자리 모델로 확산, 전개되어 갔다. 광주형 일자리는 지역에서 노사민정을 대표로 하는 이들이 타협을 통해 적정임금, 적정노동시간, 적정사회임금을 보장하는 새로운 고용 모델을 만들자는 취지를 담은 정책이었다. 지자체가 일자리 문제에 간여하기 시작한 이후 가장 획기적인 시도였다고도 볼 수 있다.

▶ 광주형일자리 정책 추진체계

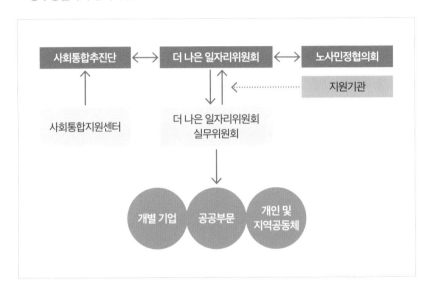

현대차와 광주시가 합자투자하여 만들어 광주형 일자리의 실현을 추구하는 선도기업이 된 광주글로벌모터스(GGM)는 노사상생발전협정서라고 하는 일종의 사회적 합의문서에 기초하여 설립이 되었다. 그리고 그 과정은 우여곡절을 담지한 사회적 대화가 핵심적으로 전개되었다.

그것은 지역에서 사회적 대화를 통해 투자를 유치하고 일자리를 만들고, 그를 통해 노동자의 적정 처우와 기업의 경쟁력을 동시에 확보하자는 것이었다. 노동계가 과도한 임금 인상 요구를 일정하게 자제하는 대신, 기업은 초임 연봉 3,500만 원 수준의 적정임금을 보장하고, 지자체가 일정하게 복지를 지원한다는 내용을 담고 있다. 주 44시간 근무를 원칙으로 하되, 노사가 합의하여 주 48시간까지 연장근로를 할 수 있도록 했다. 그 외에도 투명경영, 적정 성과 배분, 지역 인재 배려, 원하청 동반협력 등도 합의 내용에 담겨졌다.

특히 광주형 일자리는 단순히 일자리 창출에 그치지 않고, 지역경제 활성화와 상생발전을 도모한다는 점에서 의미를 갖는다. 광주시는 자동차 공장 유치를 계기로 자동차 및 연관 산업을 지역 전략사업으로 집중 육성한다는 계획을 세웠다. 부품 기업 유치와 산업단지 조성, 인력양성 등을 통해 고용 창출과 지역경제 선순환 구조를 만들겠다는 구상이었다.

광주형 일자리를 최초로 주창한 민선 6기(2014-2018년) 광주시는 현대차와의 투자협약을 체결하기 훨씬 이전부터 노동계, 시민사회계, 전문가 등이 참여하는 민관협의회를 구성하여 의견조율을 도모했다. 2014년 민선6기 윤장현 광주시장은 '반값일자리'를 내걸고 당시 기아자동차 광주공장의 전노조위원장이었던 나를 광주시 사회통합추진단 단장으로 채용하여 본격적인 정책개혁을 추진해나갔다. 광주시는 당시 자발적으로 구축한 개혁안을 놓고 사회적 대화를 통해 개혁방안을 집약시킨 사회적 협약을 체결해 나가겠다는 야심찬 시도를 했다.

이른바 '더 나은 일자리위원회'를 구성하여 '노·사·정'이라는 기존의 일자리 관련 1차 이해관계자 중심의 협의 구조를 넘어, 주요 대학의 총장이나 여성단체의 대표까지 참여하게 하는 등 지역사회 전반을 폭넓게 아우르는 포괄적인 방식의 사회적 대화 체계를 구축하였다. 실무협의회와 본위원회를 구별하여 유기적인 운영을 도모했으며, 적당한 시점에 논의를 집약하여 사회협약으로 정돈, 선포하기도 했다. 동시에 광주형 일자리 관련 시민 토론회들도 여러 차례 개최해 나가며 지역민들과 사회적 대화의 과정과 결과를 공유하며 해당 정책의 지역 내에서의 정체성을 강화하기 위해 노력을 했다.

그렇지만 실상 현대차의 투자 과정에서의 사회적 대화는 더나을 일자리를 중심으로 수년간 정립해온 광주형 일자리의 원칙과는 별개로 진행이 되었다. 현대차의 요청에 기반하여 공식 사회적 대화기구인 지역노사민정협의회에서의 지지를 이끌어 내는 방식이 추진되었다. 2018년 3월에 투자유치를 희망하는 결의안이 협의회에 오르게 되었고, 그에 대해 지역 노동계를 비롯한 협상 테이블의 참여 주체들은 난감하지 않을 수 없었다, 그것을 놓고 '광주형 일자리'라고 하는 타이틀을 붙이는 것에 반감을 지닐 수 밖에 없었다. 애당초 광주형 일자리를 주장했던 주체들의 상에 부합하지도 않았기 때문이다. 그 이후 2018년 하반기에 투자유치를 둘러싼 기존의 주체들과 민선7기 광주시 그리고 현대차가 치열한 토론과 논의를 역동적으로 전개하면서 입장의 차이를 좁히기 위한 본격적인 사회적 교섭을 전개했고, 그 결과로 마침내 2019년 1월에 전술한 '노사상생발전협정서'를 체결하게 된 것이다.

이렇게 광주형 일자리는 귀납적으로 설계가 되었다. 지역에서 먼저 지자체가 주도하여 지역민의 의지를 모아 일자리 모델의 방안을 만들었고, 그것을 중앙정부와 대자본이 주목하여 그에 부합하기 위해 노력하고 상호조정하며 투자가 가능한 길을 만들어 낸 것이다. 이는 한국의 계급타협 시도에서 상당한 의미를 갖는 시도였다. 대타협이 불가능한 상황에서 소타협을 통해 지역에서 실용적인 대안일자리 모델을 만들고 창출해 낼 수 있다는 것을 증명해 주었다.

지자체로서는 애초에 대자본을 움직여 낼 임팩트 있는 힘을 가지지 못했기 때문에 의미있는 정책아이디어와 지역에서의 사회적 합의만 가지고는 그것의 물질화와 실현이 요망했다. 하지만 끝내 개혁 아이디어의 일부를 톤다운 시키면서 일단 자본의 투자를 유인하는 것에 성공을 했고, 그 과정에는 중앙정부의 참여와 지원도 결정적인 역할을 했다. 그러한 의미에서 광주형 일자리는 더 정확히 말해 귀납형과 연역형의 절충식으로 구현되었다고 볼 수 있다.

광주형 일자리는 이후 문재인 정부의 일자리 정책인 상생형 지역일자리로 확대되었다. 각 지역마다 투자유치를 가능케 하기 위한 여러 가지 상생조치들이 합의되어 투자의 조건으로 정립되었고, 그것들의 실현에 필요한 자잘한 제도개혁들이 정부의 노력으로 뒤따를 수 있었다. 연역적으로만 접근했다면 쉽지 않은 일들도 귀납적인 교두보 마련으로 지역에서부터 근거를 만들어 중앙의 호응을 이끌어 내면서 진행이 되었다. 그것이 가능하다는 것을 보여주는 최초의 시도가 광주형 일자리였다.

노동계, 특히 현대차노조와 금속노조로 대표되는 민주노총의 불참은 아쉬운 대목이다. 그러나 민주노총이 결합하지 않은 상황에서 결국 지역의 추진주체들은 지역의 시민사회와 노동의 연대를 강화시키면서 정책의 추진동력을 찾아냈다. 그렇지만 노동과 시민사회와의 연대가 아직 그렇게 높은 수준으로 강고한 것은 아니었다. 무엇보다 그 힘이 지속되며 광주시와 현대차에 대한 건강한 압력기제로 작동을 해야 했으나 현실은 그렇지 못했다. GGM의 설립과정과 운영과정에서 이러한 문제는 계속해서 발생했다고 보여진다. 그로 인해 갈등이 완전히 사라질 수 없었고, 매년 모습을 달리해 가며 표출되어 오고 있다. 급기야 최근에는 GGM 내에 금소노조 계열의 노동조합의 설립으로까지 이어졌고, 향후 GGM의 행보에 중요한 변수로 성장해 가는 분위기이다.

사실 합의문도 그렇고 이후 GGM의 운영과정도 그렇고 광주형 일자리의 가치가 충분히 지켜지지 못하고 오히려 과거 기업유치 일자리 사업과 유사한 형태로 퇴행한 듯한 느낌도 지우기 어렵다. 초기 기획단계와 과정에서 사회적 대화의 활성화, 지역 주체들의 참여 등 상당히 긍정적인 요소를 여전히 내포하고 있다는 것도 사실이긴 하지만 그것이 하나의 시스템으로 정립되어 적극적으로 표출되는 구조는 미흡하다. 그것을 위해 광주상생일자리재단 등을 광주시 주도로 만들어 보완하려고도 했지만, 민선8기에 들어 재단의 역할도 대폭 축소되어 버렸다.

결과론적으로 매우 의미있는 사회적 실험모델이었던 광주형 일자리 모델은 자칫 용두사미에 그치는 결과가 아니냐는 비판으로부터 자유롭지 못한 상황이기도 하다. 광주도 그러한데 각 지역에서 광주형 일자리 후속모델로 진행되었던. 군산형, 횡성형, 밀양형, 부산형 등은 오죽하랴. 지역의 결과론적 성과로만 접근하려는 지방정부, 지원금 지원에만 관심을 보이는 자본, 형식적으로 결합해 있는 노동, 관심 밖의 시민사회를 어떻게 사회적 대화의 장으로 끌어들이고 이들이 이 장에서 이탈하지 않고 이해교환을 통해 타협해 나가게 할 것인가의 문제는 이 정책의 숙제로 계속해서 남아 있다.

여러 한계들에도 불구하고 광주형 일자리는 지역 단위 노사민정 협력을 통해 지속가능한 새로운 일자리 모델을 만들고 그것을 위해 자본을 움직여 내는 새로운 일자리 정책의 메커니즘을 증명해 냈다. 오늘날 전국 각 지역에서 지역의 여건과 수요에 맞는 다양한 형태의 '지역형 일자리' 모델을 고민하고 실현하려는 움직임이 활발하다. 결국 광주형 일자리가 지역을 넘어 한국 사회 전체의 모범 사례로 자리매김하기 위해서는 지속적인 소통과 협력, 그리고 사회적 신뢰 구축이 무엇보다 중요하다. 단지 일자리 창출과 투자유치라는 결과에만 집착하는 것이 아니라 민과 관이 노동과 자본이 그리고 시민사회가 전문가가 유기적으로 참여하여 신뢰를 쌓으며 지속가능한 대안을 지속적으로 모색해 가는 과정의 설계와 유지, 그리고 그것의 성과발현의 연속적 경험이 특히 중요한 것이다.

사회적 통합, 좋은 일자리, 사회적 대화

일자리는 단순히 개인의 생계를 유지하는 수단을 넘어 사회통합과 지속가능한 발전의 근간이 되는 핵심 요소다. 안정되고 품위 있는 일자리가 확충될 때 구성원은 자아실현의 기회를 얻고, 사회는 내수 기반을 튼튼히 하며, 경제는 활력을 되찾을 수 있다. 포용적이고 혁신적인 일자리 생태계 조성은 21세기 한국 사회가 직면한 저성장, 양극화, 저출산 고령화 등 구조적 위기를 타개하기 위한 시대적 과제라 할 수 있다. 특히 4차 산업혁명으로 인한 급격한 기술 변화와 산업구조 재편은 일자리 지형에 큰 변화를 초래하고 있다. 단순 반복 업무는 로봇과 AI에 의해 대체되고, 신기술 기반의 새로운 일자리가 창출되는 상황이다. 노동시장의 양극화와 일자리 미스매치 문제가 심화하는 조짐도 나타나고 있다. 일자리 전환의 가속화 속에서 근로자의 고용안정성과 적응력을 높이는 일이 그 어느 때보다 중요해지고 있다.

좋은 일자리 창출은 지속가능한 사회를 위한 필수조건이라 할 수 있다. 좋은 일자리란 근로자에게는 적정한 임금과 안정적인 고용을, 기업에게는 경쟁력 확보와 생산성 향상의 기회를, 사회 전반에는 양극화 완화와 성장잠재력 제고의 토대를 의미한다. 질 낮은 일자리가 양산되어서는 불평등과 갈등의 온상이 될 뿐이다. 우리 사회가 추구해야 할 것은 근로 여건이 개선되고 인간의 존엄성이 보장되는 양질의 일자리이다.

그러나 좋은 일자리의 확대는 정부의 정책이나 기업의 노력만으로 이루기는 역부족이다. 구성원 모두가 사회적 책임을 자각하고 협력의 손길을 내밀 때 비로소 가능한 일이다. 일자리 문제는 첨예한 이해관계가 얽히고설킨 복잡다단한 사안인 만큼 사회적 대화와 타협이 필수불가결한 과정이 되어야 한다. 대화와 협상을 통해 지혜를 모으고 상호 신뢰의 토대를 쌓아가는 일, 바로 사회적 대화가 요구되는 이유이다.

이 과정에 사회적 대화는 중요한 근간이 된다. 사회적 대화는 노사정 간 대등한 참여와 자율적 교섭을 핵심으로 하는 민주적 사회운영 방식이다. 정부는 제도 설계와 중재자 역할을, 노사단체는 이해관계자로서 규범 형성에 참여하고, 시민사회는 공익의 대변자로서 여론을 결집하는 식의 역할 분담을 통해 공동선을 모색하는 과정이라 할 수 있다. 사회적 대화는 민주주의의 근간인 참여와 숙의의 원리를 구현하는 장이 되어야 한다.

일자리 개혁을 위한 사회적 대화는 한층 성숙한 모습으로 발전해야 한다. 파편화되고 형식적인 논의 구조에서 벗어나 보다 통합적이고 실질적인 대화 체계를 만들어가야 한다. 이해관계의 표출이 아닌 문제해결을 지향하는 생산적 논의가 이루어질 수 있도록 의제 발굴과 조정 역량을 높여, 실천과제에 대한 합의는 물론 합의사항의 이행력을 높이기 위한 제도적 장치도 마련해야 할 것이다.

사회적 대화의 장은 보다 혁신적이고 미래지향적인 의제를 다루는 방향으로 진화해야 한다. 과거에는 노사 간 임금교섭이나 근로조건 개선이 주된 의제였다면, 이제는 고용안정과 직업능력개발, 일-생활 균형, 노동시간 단축 등 노동시장 전반의 구조개혁 과제로 의제를 확장해야 한다. 기술혁신에 따른 인력 수급 대책, 신산업 분야의 인재양성 방안 등도 주요 의제로 다루어질 필요가 있을 것이다.

사회적 대화를 통해 포용과 연대의 가치를 구현하는 노력이 필요하다. 비정규직 차별 해소나 주52시간제 도입 등 노동시장 내 격차와 불평등 문제를 해결하는데 사회적 대화가 앞장서야 한다. 취약계층의 고용 확대와 근로여건 개선을 위해서도 대화 테이블의 문턱을 낮추는 포용성이 발휘되어야 한다. 나아가 지역과 업종을 아우르는 연대적 협력 기반을 조성하는 데에도 힘써야 할 것이다.

일자리 위기 돌파를 위해 우리에겐 혁신적 사고와 협력적 행동이 그 어느 때보다 절실하다. 사회 구성원 전체가 기존의 틀에서 벗어나 창의적 해법을 찾기 위해 머리를 맞대고, 자신의 이해관계를 뛰어넘는 연대와 공생의 자세로 협력에 나설 필요가 있다. 사회적 대화야말로 우리 사회가 함께 지혜를 모으고 역량을 결집하는 민주적 방식이 될 것이다.

제4장

좋은 일자리 중심의
사회발전전략을
꿈꾸다

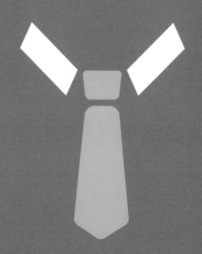

일자리를 아세요?

일자리는 우리사회의 지속가능성을 담보하며 새로운 도전을 극복하기 위한 응전의 핵심지대라고 할 수 있다. 자아실현과 더불어 생존, 혁신, 분배라는 세 가지 기회를 제공하는 사회적 기능을 통해 우리 사회의 지속가능성을 담보할 수 있다. 일자리는 또한 교육, 출산, 노후생활, 청년 취업, 지역 발전 등 우리 사회 대부분의 문제와 매우 밀접하게 연관되어 있고 큰 영향을 미치고 있어, 가히 새로운 도전을 극복하기 위한 응전의 핵심지대라고 할 수 있다.

특히 앞서 언급한 다양한 도전들이 공통적으로 일자리와 깊은 연계를 지닌다는 점에서 주목하고자 한다. 일자리는 언제나 전환의 시기마다 민감하게 반응하는 지대로서, 그곳은 경제와 사회, 일터와 삶터 등이 교집합을 형성하는 영역이기 때문이다. 따라서 우리에게 대두된 도전 및 위협 요인들을 제어하는 방식으로 일자리 질서를 개혁해 가는 것이 절실하다.

오늘날 한국사회 최대의 화두인 일자리 개혁의 과제는 엄연히 상존해 있다. 일자리는 노동과 자본의 결합이 이루어지는 지대임과 동시에 사회적이고 공익적인 가치를 그 안에서 일정하게 갖춰야 한다. 어느 시대나 사회경제적 필요에 제대로 부합하는 방식으로 새로운 일자리 모델을 기획하고 실현하기 위해 공공정책을 통한 개입이 불가피했다. 그렇지 못할 경우 일자리 질서는 구조적으로 균형을 상실하거나, 전반적으로 활력을 상실하거나, 수요-공급의 미스매치에 빠져 지속성을 상실할 수 있다.

오늘날 일자리 개혁의 과제는 한국의 지속가능성을 위해서 반드시 필요한 과제이다. 이른바 '노동시장 이중구조화' 개혁의 문제가 가장 큰 화두로 부상해 있는 상황에서 이중구조 해소를 위한 포용적이고 연대적인 가치들을 일자리에 불어 넣는 조치가 필요하다는 인식이 보편화되어 있다. 그에 더하여 일자리들에 혁신의 가치를 동시에 함양시켜, 엄습하고 있는 복합대전환 시대에 타당한 대응과 적응을 도모해 지속가능한 일자리 질서를 만들어 내는 것 역시 중대한 과제이다.

지속가능을 위한 일자리 개혁

그동안 우리나라에서 '일자리' 개념은 경제성장의 양적 지표로 여겨질 만큼 개인과 국가 모두에게 생존과 번영, 혁신과 분배에 있어서 가장 중요한 역할을 담당해 왔다. 그러나 지금은 '고용 없는 성장'이라 불릴 만큼 우리 국민들이 체감하는 일자리는 매우 부족한 현실이다. 이는 사실 기업 입장에서는 일자리는 있지만 취업자가 부족하고, 구직자 입장에서는 일자리는 많지만 자신의 삶을 지속적으로 맡길 만한 좋은 일자리가 부족해서 생기는 미스매칭에서 비롯된다 해도 과언이 아니다.

그렇다면 '좋은 일자리'는 무엇일까.

우리가 저마다 생각하는 좋은 일자리는 서로 다를 수 있다. 그러나 그동안 국내외 여러 연구의 공통된 의견은 고용안정성, 적정임금, 적정노동시간, 삶의 가치 실현, 사회적 책임 등의 지표가 높은 일자리를 좋은 일자리로 규정하고 있다.

그런 의미에서 우리 각자의 삶은 물론 지역사회와 국가의 생존과 번영에 있어서 일자리가 차지하는 막대한 기능을 고려할 때 객관적으로 인정되는 양질의 일자리를 만드는 것은 더 이상 미룰 수 없는 우리 사회의 매우 중요한 시대적 과제이다.

이러한 현실을 반영하여 광산구 민선 8기에서는 그동안 사용해 오던 '좋은 일자리'에 '지속가능'이라는 의미를 추가하여 '지속가능 일자리'라는 새로운 목표를 제시했다. 지난 2015년 유엔에서 발표한 지속가능 발전 목표(SDG's)에서 "지속가능성이란 현재 세대뿐 아니라 미래세대를 위한 경제·사회·환경 등의 자원을 낭비하거나 저하하지 않고 조화와 균형을 이루는 것을 말한다"고 정의했다. 지속가능 일자리의 '지속가능'도 이와 같은 취지에서 도입된 개념이다. '양질의 일자리와 경제성장'에 '지속가능성'이란 의미를 연결시킨 것이다. '지속가능한 일자리'는 현재의 청년과 장년은 물론 앞으로 태어날 미래 세대에게도 주거, 교육, 의료 등에서 더 나은 삶의 질을 보장할 수 있는 좋은 일자리를 말한다. 광산구는 이런 '양질의 일자리와 경제성장'을 통해 전체 사회의 혁신과 발전을 도모하고자 하는 의지를 담았다.

단순히 고용 불안의 차원을 넘어, 불평등한 사회를 지양하고 효과적인 노동시장 정책과 양질의 일자리 창출로 모두가 행복한 사회를 이끌기 위한 핵심적인 전략이 무엇일까. 일반적으로 일자리는 창업을 하거나 기존 기업의 신규투자를 통해 만들어진다. 따라서 창업이나 신규투자로 만들어지는 일자리를 지속가능하게 하는 것 또한 우리사회가 지향해야 할 매우 중요한 목표가 되어야 한다.

'지속가능 일자리'를 만드는 또 하나의 방식은 기존의 일자리를 개혁하는 것이다. 일자리 개혁은 지금의 안 좋은 일자리를 좋은 일자리로 만들고, 그것을 촉진하고 지속가능하도록 하는 것을 말한다.

그러나 일자리를 개혁하는 방식은 창업이나 신규투자에 비교해 일방적으로 추진하기가 어렵기 때문에 일자리를 둘러싼 여러 이해관계자들의 합의가 우선되어야 한다. 따라서 각계각층의 의견을 수렴하고 사회적 합의를 도출함으로써 보다 효과적이고 지속가능한 일자리 창출 정책을 수립하기 위해서 반드시 필요한 것이 바로 사회적 대화다. 사회전반적으로 경제사회 정책의 중요한 결정에 다양한 이해당사자들의 참여를 보장하고자 하는 다양한 노력은 경제민주주의의 또 다른 중요한 요소이기도 하다.

결국 '지속가능 일자리'는 한마디로 '사회적 대화'를 통해 만든다고 볼 수 있다. 예를 들어, 현재 빛그린 산단에 있는 GGM 자동차 공장 역시 광주형 일자리를 만들기 위한 사회적 대화를 통해 만들어졌고, 사회적 합의 내용은 '광주광역시 노·사·민·정 협약'으로 표출되었다. '광주형 일자리'에 대한 협약은 이후 문재인 정부의 국정과제가 되고, 법제화 과정을 통해 전국적으로는 '상생형 지역일자리'라고 불리게 되었다.

새로운 패러다임, 지속가능한 일자리

지속가능한 일자리란 경제성장, 사회통합, 환경보전의 가치를 내재한 개념이다. 경제협력개발기구(OECD)에 따르면, 좋은 일자리(Good Jobs)는 적정 임금, 고용 안정성, 좋은 근로환경, 사회 보호의 4대 요건을 충족해야 한다. 국제노동기구(ILO)도 '괜찮은 일자리(Decent Work)'를 통해 노동권 보장, 사회적 보호, 사회적 대화 등을 강조한 바 있다.

앞에서 살펴본 것처럼 오늘날 경제, 사회, 환경 측면에서 대두되는 지속불가능성의 조짐들은 일자리에도 부정적인 영향을 미치고 있다. 이를 극복하기 위한 대안으로 주목받는 것이 지속가능한 일자리 창출이다. 지속가능한 일자리는 노동의 질을 개선하여 근로자의 삶의 질을 높이는 데 기여한다. OECD 통계에 따르면, 최근 5년간 대한민국의 연간 노동시간 평균은 1,901시간이다. OECD 38개국의 평균은 1751.6시간으로 한국의 노동시간은 OECD 평균보다 149.4시간 길다. OECD 전체 중 4번째로 멕시코, 코스타리카, 칠레의 남미 3국만이 대한민국보다 긴 노동시간을 나타내고 있다.

대한민국이 세계에서 4번째로 오랜 시간 일하는 동안 한 해 평균 529.2명이 과로로 사망했다. 국가 공식통계에 따른 과로사망은 산업재해보상보호법에 따른 사망만 집계되기 때문에 과로를 원인으로 한 심혈관계 질환 사망까지 집계하면 과로에 따른 업무상 재해 발생은 크게 증가한다. 반면 독일, 네덜란드 등 유럽 선진국은 1,500시간대로, 일과 삶의 균형을 중시한다.

임금 격차는 어떠한가? 2023년 12월 기준 상용직 노동자 1인 이상 사업체의 전체 노동자 1인당 임금총액은 443만3000원 수준이었는데, 상용노동자 1인당 월평균 임금은 472만2000원, 임시일용노동자 임금은 186만8000원으로 나타났다. 사업체 규모별로는 '300인 미만' 사업체의 월평균임금은 393만8000원, '300인 이상' 사업체는 686만 원 수준이었다. 고용형태별, 사업장 규모별 임금의 격차가 크게 나고 있음을 확인할 수 있다. 지속가능한 일자리는 비정규직 차별 해소, 최저임금 현실화 등을 통해 격차를 완화하고, 교육훈련 강화로 고숙련 인력을 양성하는 데 주력한다.

지속가능한 일자리는 사회통합과 포용성 제고에도 기여한다. 우리나라 성별 고용률 격차는 2020년 기준 17.1%p로 OECD 국가 중 가장 크다. 여성 관리자 비율도 20.8%에 불과하다. 장애인 고용률은 2019년 기준 2.4%로 의무고용률(3.1%) 달성에 한계를 보인다. 지속가능한 일자리는 취약계층 역량 개발, 고용 차별 해소, 일·가정 양립 등을 지원하고, 노사정 사회적 대화를 통해 협력적 노사관계를 구축하고자 한다.

마지막으로 지속가능한 일자리는 환경보전과 기후위기 대응에 기여한다.

EU 집행위원회는 2020년까지 유럽 내 2,000만 개의 녹색 일자리 창출을 목표로 제시했고, 미국에선 오바마 정부가 '클린에너지 일자리' 창출을 국정과제로 삼은 바 있다. 우리 정부도 2020년 '그린뉴딜' 정책을 통해 2025년까지 환경 분야에서 65만 9,000개의 일자리를 만들겠다고 공언했다. 재생에너지 보급률 목표는 2030년 20%, 2040년 30~35%로 설정했다. 이를 달성하려면 풍력, 태양광 등 신재생에너지 산업이 연평균 15% 이상 성장해야 하는데, 이는 관련 일자리 증가로 이어질 전망이다. 2019년 기준 신재생에너지 부문 고용인원은 2만 1,005명으로 전년 대비 16.7% 증가했다.

지속가능한 일자리는 개별 기업 차원의 ESG 경영과도 밀접하다. ESG 우수기업일수록 양질의 일자리 창출과 유지에 적극적인 것으로 나타난다. 한국기업지배구조원에 따르면, 2020년 ESG 평가에서 A등급 이상을 받은 기업의 정규직 비율은 94.2%로, B등급 이하(90.6%)보다 높았다. 또한 A등급 기업의 98%가 노사협의회 등 근로자 대표기구를 운영 중인 것으로 조사됐다. CEO 보수 대비 근로자 평균 임금 비율도 A등급은 12.7배, B등급 이하는 19.8배로 격차를 보였다.

종합하면 지속가능한 일자리는 노동의 양과 질을 개선하는 동시에, 경제·사회·환경의 선순환을 도모하는 통합적 접근이 요구된다. 이는 정부, 기업, 노동계 등 다양한 이해관계자들의 사회적 대화와 협력이 필요하다. 단기적 비용 부담을 감수하더라도, 장기적으로는 사회 전반의 지속가능성을 높이는 투자가 될 수 있다. 코로나 이후 시대, 기후위기 속에서 우리에게 필요한 것은 새로운 사회적 합의다. 지속가능한 일자리는 이러한 합의를 끌어내는 구심점이 될 수 있다. 경제 성장과 고용 창출뿐만 아니라, 모두를 위한 포용, 미래 세대를 위한 환경 등 통합적 가치가 일자리에 녹아들 때 우리 사회의 지속가능성도 높아질 수 있기 때문이다. 지속가능한 일자리 확산을 위한 정책적, 제도적 노력이 절실히 요구되는 시점이다.

불통(不通)을 넘어 해법찾기

앞서 언급했듯이 현재 대한민국뿐 아니라 전 세계가 복합대전환 시대를 맞이하고 있다. 어느 때든 어느 곳이든 늘 위기는 존재했다. 어떻게 풀어가는가가 관건이다. 복합대전환의 위기시대를 맞이하여 지속가능성을 고민하는 것은 절대적인 과제이다. 이 시대의 다양한 문제들을 지혜롭게 해결하는 내용을 담은 지속가능성은 그 기획이 무엇보다 중요하다. 어떻게 설계하는가에 따라서 상황은 판이해진다. 자칫 엉성하게 기획하면 목표 달성이 불가능해진다.

지금 상황에서 가장 필요한 건 지속가능한 일자리를 만드는 것이다. 더욱더 많은, 더욱더 능률적이고 현실적인 일자리 대안이 필요하다. 그러기 위해서는 무엇보다 사회연대의 움직임을 만들어 내는 것을 가장 중심에 두어야 한다.

오늘날 많은 나라에서 경제적 불확실성은 고용의 질과 직결되어 있다. 금융위기, 자원의 고갈, 인구 고령화, 그리고 환경 변화 등 많은 외부 요인들이 경제 활동에 영향을 미치며, 이는 직접적으로 고용 시장에 반영된다. 이러한 불확실성 속에서 일자리를 창출하고 유지하는 것은 국가와 사회에 있어 점점 더 중요한 도전 과제가 되고 있다. 특히, 지속 가능한 고용 창출은 단순히 일자리의 수를 늘리는 것을 넘어서, 질 좋은 일자리를 만들어 노동자의 삶의 질을 향상하고 경제적 안정성을 제공해야 한다는 점에서 그 중요성이 강조되고 있다.

또한 4차 산업혁명의 도래와 함께 인공지능, 로봇공학, 빅데이터 등 첨단 기술이 경제 전반에 빠르게 통합되면서 일자리 시장에 큰 변화가 일어나고 있다. 이러한 기술적 변화는 특히 제조업, 서비스업 등에서 작업 방식을 혁신하고 있으며, 이는 새로운 형태의 일자리를 창출하는 한편 기존의 많은 일자리를 변화시키거나 사라지게 만드는 원인이 되기도 한다. 따라서 현대 사회에서는 이러한 기술적 변화에 따라 고용 시장의 구조를 적절히 조정하고, 새로운 기술에 적합한 능력을 갖춘 인력을 양성하는 것이 필수적이다.

사회적 요구의 변화도 고용 창출 전략에 큰 영향을 미치고 있다. 젊은 세대를 중심으로 일과 삶의 균형, 일의 의미, 업무환경에 대한 기대가 과거와는 달라지고 있다. 이러한 변화는 기업과 정부가 고용 정책을 수립할 때 고려해야 할 중요한 요소가 되었다. 직원들의 만족도를 높이고 생산성을 증진하기 위해서는 이러한 사회적 요구를 반영한 일자리 창출이 필요하다.

어느 것이든, 어느 곳이든 전문성은 중요하다. 전문성이 기본이 돼야 무엇이든 구체화 되고 구체화 된 일이라야 시너지가 생긴다. 일자리 문제에 전문성을 가진 사람이 종전과는 다른 사명감을 가지고 능동적으로 움직여야 한다. 이 시대에 어떻게 사회연대적인 움직임을 촉진하면서 일자리를 창출하고 개혁할 것인지 창의적인 구상을 하고 실천을 유도해 주어야 한다.

힘을 보탤 수 있는 능력자들을 모아 발 빠르고 성실하게 움직여야만 가능한 일이다. 그래야만 노동자에게는 참여와 자유를 줄 수 있고, 기업에는 이윤 창출이 가능하게 할 수 있으며, 지역민에게는 좋은 일자리를 제공할 수 있다. 그런 식으로 지자체와 지역 시민사회가 이를 공론화하고 반드시 다양한 주체 간 협력을 도모해야만 시너지를 만들어 낼 수 있다.

지속가능성 위기는 다름 아닌 '불통(不通)'에서 비롯된다. 따라서 시민과 터놓고 대화를 할 수 있는 소통 창구가 필요하다. 해법을 모색하고 지속가능 일자리를 창출하려면 가장 먼저 실현되어야 할 것은 다름 아닌 소통이다. 대한민국은 분명 민주주의 국가임에도 불구하고 자신이 원하는 일자리나 조건에 대해 내놓고 이야기하기 어려운 사회적 분위기다. 어디에다 무엇을 물어야 할지 알 수 없고 어떤 제안을 해야 하는 건지 헷갈린다. 이게 지금의 현실이다.

분명 일자리 문제는 공론화할 일임에도 불구하고 대부분 개인적인 영역이라고 여기기 일쑤다. 하지만 일자리 문제가 과연 개인적인 문제인지부터 생각해 봐야 한다. 일자리의 부재는 국가적 문제로 여겨야 옳다. 일자리가 줄어들고 실업자가 늘어나면 국가의 위기가 도래하고 국가적 위상도 약해질 수밖에 없다. 일자리는 결코 개인적인 문제로 치부할 수 없고, 치부해서도 절대 안 되는 문제다.

좋은 일자리로 지속가능 성장을

지속가능한 일자리를 창출해 내려면 우선 상황인식과 전략부터 바꿔야 한다. 앞서 이야기했지만, 압축 성장보다는 지속가능한 새로운 성장전략이 필요하다. 이른바 '지속가능성장'이 필요한 것이다. 압축 성장은 속도전에서만 빠를 뿐, 많은 사회적 갈등을 일으킨다. 표면적으로는 고지를 점령한 듯 보이지만, 이면에 수많은 사람이 그로 인한 고통을 겪을 수밖에 없다. 수많은 대립을 양산할 뿐만 아니라 심지어 생태환경을 파괴하기까지 한다. 빠른 성장이 개도국이나 빈곤국의 상태에서야 가장 절실할지 모르지만, 우리처럼 이미 경제의 규모와 민주주의에 대한 사회적 관념이 상당히 발전한 상태에서는 사회발전에 반드시 도움이 되는 방법이 더 이상 아닐 수 있다.

압축 성장은 막대한 사회적 희생을 강요하게 되고 엄청난 손실을 요구하게 된다. 몸통을 키우지 못한 채로 위로만 곧게 올라간 나무와 같다. 어느 시점에서 뿌리와 몸통 그리고 가지들을 균형있게 키워내지 못하면 결국 흔들리는 바람에 이내 쓰러질 수밖에 없다. 따라서 우리에게는 압축성장이 아니라 지속가능성장이 필요한 것이다.

그렇다면 경제의 지속가능 성장이란 무엇일까? '지속가능'이란 말은 2015년 유엔에서 발표한 지속가능 발전 목표(이하 'SDG's)에서 발표된 '지속가능성'이라는 개념에서 비롯되었다. 지속가능성은 "현재 세대뿐 아니라 미래세대를 위해 경제·사회·환경 등의 자원을 낭비하거나 저하하지 않고 조화와 균형을 이루는 것을 말한다"라고 정의하고 있다. 그동안 인류는 성장에만 지나치게 목적을 뒀다. 그렇다 보니 개인의 행복, 개인의 만족보다는 사회성장이나 국가 발전에 초점이 맞춰진 것이 사실이다. 이러한 성장은 무분별 했고 결국 사회적 불평등과 불합리를 만들어냈다. 사람들은 어느 순간 그걸 당연시하게 되었고 서로를 갈라치기 하며 결국 양극화로 치달았다.

좀 더 자세히 들여다보자. '지속가능한 경제 성장'이란, 지속가능한 생산과 소비 구조와 사회기반시설을 갖춘 다음, 산업이 성장하는 동안 자연스럽게 양질의 일자리가 증진되는 상황을 말한다. 그로 인해 자연스럽게 경제 성장의 산물이 만들어지게 되면, 이를 구성원에게 조화롭게 분배하는 것을 의미한다. 압축 성장처럼 초고속은 아닐 수 있지만, 생각만큼 더디지 않을 뿐 아니라, 양적 질적으로 어느 것 하나도 뒤처지지 않는 지혜로운 방법이다.

지속성장은 특정한 사람들에 의해 모든 일이 계획되고 그대로 움직이던 관행을 과감히 거부하는 방식이다. 말 그대로 사회 구성원이 함께 참여하고 과실 여부를 정확히 파악해 고르게 분배하는 것이다. 말 그대로 사회통합 성장이라 할 수 있다.

오래전부터 문제 된 것이 다름 아닌 '고용 없는 성장'이었다. 일자리는 줄어드는데 기업만 이익을 얻게 되는 아이러니 말이다. 지속성장의 처음 목적은 '고용 없는 성장'을 부정하고 '좋은 일자리'를 기반으로 한 성장을 이루려는 것이다. 이는 매우 '분별 있는(considerate)' 성장의 모델이라고 할 수 있다.

'좋은 일자리'를 만드는 건 '지속가능 성장'을 위한 가장 중요한 과제 중 하나다. 그렇다면 대한민국이 반드시 설계해야 하는 일자리의 핵심은 무엇일까. 그건 바로 양보다 질의 문제다. 일자리 개혁을 통해 우선 일자리의 질이 선행되어야 한다.

▶ 지속가능성장

일터는 그야말로 민주적이어야 한다. 임금을 주는 사람과 임금을 받는 사람은 서로의 의견을 존중하고 서로의 실력을 인정하고 타협해야 마땅하다. 그런데 지금까지의 일터는, 대부분 소위 복종을 부과하고 복종 당하는 형태를 띠고 있었다고 해도 과언이 아니다. 반드시 혁신이 필요한 부분이다. 모두 일터 혁신을 통해 가능한 일인데, 이를 위해서는 경제의 생산성과 경쟁력을 강화하고 노동자들의 근로 조건을 살펴 삶의 질을 높여야 한다.

실상 정규고용을 전제하며 지향하는 일자리가 가장 좋은 일터다. 적정한 임금의 보장이 확실한 곳, 고용안정은 당연해야 한다. 그와는 반대로 낮은 임금에 장시간 근무로 이뤄져 노동강도만 높은 곳은 대부분 비정규

고용 관계 형태를 띠고 있다. 게다가 근속기간이 매우 짧아 지속이 불가능한 경우도 대부분이다. 이런 경우 이윤이 분배되는 것이 아니라 특정 기업의 성장만 중심이 되는 경우가 다반사다. 애초 독점하는 반사회적 일자리다. 나쁜 일자리라고 할 수 있다.

지속가능 일자리의 모태 광주형 일자리

민선6기 광주광역시 시절 내가 관여해서 고안된 광주형 일자리 모델은 이미 이러한 경제적, 기술적, 사회적 변화에 대응하여 고용의 질을 높이고 지역 경제에 활력을 불어넣을 수 있는 대안을 제시하고 있다. 이 모델은 현대자동차와 광주시가 주도하는 투자 프로젝트인 광주글로벌모터스(GGM)의 공장설립을 통해 일정하게 – 완전히는 아니고 – 구현된 바 있다. 이 프로젝트는 노사민정 대화를 통해 여러 합의를 끌어내며, 좋은 일자리 창출뿐만 아니라 지역사회의 상생과 경제 발전을 목표로 하고 있다. 이러한 접근 방식은 지역사회의 다양한 요구와 기대를 반영하며, 지역 경제에 새로운 기회를 제공하는 것이다.

광주형 일자리는 노사관계와 산업혁신을 통해 사회통합형 일자리를 창출하자는 취지다. 이를 위한 공동체를 만들려는 지역혁신 운동이다. 처음 목표는 지역에서 대화로 일자리 창출의 해법을 모색하고 찾자는 데서부터 시작되었다. 노사상생형 일자리의 창출 모델, 광주형 일자리가 처음 목표한 바다. 이는 지역사회 양극화를 해소할 수 있고 좋은 일자리를 만드는 방법을 함께 논하는 데서 시작한다. 모든 이슈를 대화로 풀어야 하고 회사와 노조가 함께 하는 이른바 통합 시스템을 구축, 일자리를 만들어 보자는 우리 광주지역 혁신 운동을 일컫는다. 지역혁신 운동이라는 개념을 제기한 이유가 있다. 양극화의 심화로 사회적 자본의 축적이 한계를 이어가는 상황에서 대화를 통해 지역 산업과 사회혁신이 일어나야 한다고 여겼기 때문이다. 만약 그렇지 않고 사회통합형 일자리가 만들어진다는 건 결국 또 힘든 일이 되고 성공은 더욱 어려워지기 때문이다.

광주형 일자리의 사회 통합성은 일자리 격차의 해소를 지향하는 것도 의미했다. 광주형 일자리를 도모하려 했던 2016년 무렵 광주지역 취업자 소득분포를 살펴보자. 4천만 원 미만의 소득자가 무려 82.8%를 차지했다. 어마어마한 수치다. 구간별로 좀 더 자세하게 살펴보자. 1천만 원 미만이 11.1%, 1천~2천만 원이 28.6%이며, 2천~3천만 원은 29.8%를 차지했다. 직종별로 살펴보자면, 관리자는 4천만 원이상 소득자가 76%였고 가장 많았다. 그리고 다른 직종에서 4천만 원 이상 소득자 비율은 전문가와 관련 종사자가 22.7%, 사무종사자가 28.9%, 장치 기계 조작 및 조립종사자 21.6%였다. 기능원 및 관련 기능 종사자, 서비스종사자, 판매 종사자, 단순 노무 종사자는 차례로 모두 20%에 미달한 수치를 보였다. 나이 별로 살피자면, 청년층은 53.8%가 2천만 원 미만이었다. 4천만 원 이상의 소득이 있는 취업자는 2.5%에 불과했다. 30대는 14.9%, 40대는 27.4%이며 50대는 29.8%로 그중 가장 많았다.

그 밖에 광주형 일자리는 국내에 새로운 투자를 위한 환경 조성을 목표로 했다. 무엇보다 해외로 빠져나가는 기업의 리쇼어링 (Reshoring)을 막을 수 있다는 것이 장점이었다. 결국 광주형 일자리는 산업정책과 노동정책 그리고 고용정책·사회정책 등을 아우르는 종합정책으로 발전시켜야 제대로 꽃피워질 수 있다.

잘 알려졌듯이, 광주형 일자리는 독일의 아우토(Auto)5000 공장을 벤치마킹하여 우리 식으로 적용한 것이다. 2000년대 초 추진되었던 아우토 5000 공장은 모사인 폴크스바겐사와 별도 단체협약이 적용되는 별도 법인과 공장으로 설립되었다. 이후 3년간 실업자로 등록된 자를 대상으로 직원을 선발했다. 그리고 지역의 일자리 센터의 지원으로 근로계약 전 3개월간 직무교육 훈련을 했다. 특히 근로계약 후엔 주당 3시간 직무교육 훈련을 해(1.5시간 무급) 자동차산업에 적합한 숙련노동자로 육성했다. 임금도 차별화했는데, 당시 지역노동자의 평균임금보다는 높되, 폭스바겐 노동자 임금의 80% 수준에 해당하는 월 5천 마르크였다.

그것을 통해 5천 명의 실업자를 고용하는 것이었다. 우여곡절 끝에 출범한 아우토 5000는 노사관계와 임금체계 적용 등 수많은 혁신을 시도하였다. 근로시간 저축 계좌제를 전면 시행한 것도 주목할 사례였다. 그를 통해 유연 근로시간제 도입과 노사 동수로 구성된 사업장평의회를 통해 주요사안을 결정하는 협치를 실현했다. 투란(Touran)과 티구안(Tiguan)을 생산하였고 판매는 호조였다. 결국 대성공으로 이어졌고, 7년 만에 폭스바겐으로 합병되었다.

광주형 일자리를 통한 일자리 개혁

광주형 일자리는 광주시가 투자 주체로 참여하여 일자리 창출에 적극적으로 개입하면서 노사상생협의회, 산업단지 차원의 노사갈등 중재위원회를 설치하고, 지역노사민정협의회가 임금, 근로시간 등에서 핵심 역할을 수행하는 거버넌스 구조를 가지고 출발했다. 당시 현대자동차와 광주시가 합작 투자로 신규 완성차 공장을 설립하였고, 경제적 실리 차종인 경SUV 차종을 생산하는 데 합의하고 출발했다. 광주형 일자리 정책은 일자리 질 개선을 통한 양극화 해소를 지향하고, 지자체의 적극적인 일자리 거버넌스 참여, 노사민정 협력에 기반한 일자리 창출 및 운영, 기업 차원을 넘어선 지역 전체 노동시장으로의 확장, 안정과 유연성의 동시 추구라는 특징을 지니고 있다.

광주형 일자리 정책이 가장 주력하고 있는 점은 기존 자동차 산업의 임금 격차를 축소하고 중산층 일자리를 육성한다는 것이다. 평균 3,500만 원 수준의 적정 임금을 설정하고, 여기에 사회임금까지 더해 실질소득을 보전함으로써 과도한 임금 격차를 해소하고자 했다. 이울러 직무급 도입, 기본급 비중 확대 등 임금체계 개선을 통해 노동시장의 포용성을 높이고자 하였다. 이는 단순히 양적인 일자리 늘리기가 아닌, 질 좋은 일자리 창출로 계층 간 격차를 완화하고 중산층을 육성한다는 점에서 큰 의미가 있다. 특히 기존 완성차 노동자의 고임금 일자리는 그대로 유지하면서 새로운 대안 모델을 제시했다는 점이 주목할 만한 점이다.

일자리가 늘어나려면 혁신과 연대에 기반한 국내 투자가 절대적으로 필요하다. 또한 정규직 채용으로 장기고용이 보장되어야만 한다. 기업의 경쟁력 확보방안이 함께 마련되어야만 가능하다. 고용 안정성을 추구하되 노동 유연성 및 숙련확보로 생산방식의 혁신을 꾀하는 것이 중요하다. 이는 노사 파트너십 상생의 결정체라 할 수 있다.

노사 공동 결정제 등 이해당사자들의 참여가 이뤄져야 한다. 초기 합의 정신을 통해 권한과 책임의 공유 및 사회적 대화 활성화가 지속해서 이어져야 한다. 지금처럼 저임금 노동자와 비정규직의 일자리를 늘리거나 노동 배제 경영과 갈등 담합의 노사관계가 지속하는 것은 바람직하지 않다. 특히 자동차산업을 보자면, 수직 계열화한 분업구조로 되어 있다. 이는 원하청 간 이윤율 등 불합리한 구조가 부품사의 경쟁력 저하와 임금 격차로 이어지고 있다. 공정한 산업생태계 조성과 기술혁신을 위한 전속거래 개선이 시급하다. 이런 문제가 해결되면 기업들의 국내 투자 계기가 될 것이고 격차 해소에도 이바지할 것이다. 또한 사회통합형 일자리 창출로 이어질 것이며 제조업경쟁력의 근본적인 해결책이 될 것이다.

광주형 일자리 모델은 유연성과 안정성을 동시에 추구하는 노동시장 정책의 전형을 보여준다. 유연 근로시간제, 배치 전환제도 등을 도입해 유연성을 높이는 한편, 적정 임금과 사회임금을 통해 소득 안정성을 보장하고자 한 것이다. 이는 과거 유연화만을 강요했던 정책에서 탈피하고, 기업과 노동 양측 모두에게 이득이 되는 '상생의 길'을 모색했다는 점에서 큰 의의가 있다. 노동시장의 유연성을 높이면서도 노동권과 삶의 질을 보장하는 새로운 패러다임을 제시했다고 볼 수 있다.

광주형 일자리는 단순한 일자리 창출을 넘어 보다 지속 가능한 미래형 일자리 모델을 지향하고 있다. 기존 자동차산업의 장시간 노동, 과도한 기업 복지 부담 등의 문제를 해소하고, 새로운 방식의 노동체제를 실험하고자 함에 있다. 적정 임금과 사회임금 개념을 통해 생활임금 수준을 유지하면서도 기업의 지나친 부담을 덜어내고, 유연성과 안정성을 동시에 추구하는 등 변화하는 시대에 걸맞은 대안을 모색하고 있다. 이는 4차 산업혁명 시대의 도리에 대비해 미래 노동체제를 새롭게 정립한다는 의미도 있다.

광주형 일자리 모델의 큰 특징은 지자체가 투자 주체로 나서 일자리 창출 과정에 직접 참여한다는 점이다. 광주시와 현대자동차가 공동으로 투자하여 새로운 자동차 공장을 설립하였다. 이 공장은 광주 인근의 '빛그린 산업단지'에 위치하며, 지역 부품업체와의 협력을 통해 지역 경제에 더 큰 이익을 제공할 것으로 기대를 모았다. 이를 통해 지자체가 고용 정책에 보다 적극적인 역할을 수행하게 된 셈이다.

아울러 노사관계 측면에서도 큰 변화를 모색했다. 사업장 단위의 기존 노사협의회 대신 '노사상생협의회'를 설치하고, 산업단지 차원의 노사갈등 중재위원회를 두는 등 협력적 노사관계를 지향한다. 특히 지역노사민정협의회가 임금, 근로시간 등 주요 사안에서 핵심적인 역할을 수행하도록 하여 초기업 차원이 노동체제를 실험하고 있다. 이 모델은 노사민정협의체를 중심으로 구성되며, 이들은 고용조건, 임금, 근로조건에 관한 중요한 결정을 협의하였다.

또 주목할 점은 지자체가 투자 주체로 참여하여 일자리 창출 정책에 직접적으로 관여한다는 것이다. 과거에는 기업 투자가 선행되고 일자리는 그 뒤를 따르는 수동적 구조였다면, 광주형 모델에서는 일자리의 질과 조건을 먼저 결정하고 그에 맞는 투자를 유치하는 적극적이고 능동적이 구조이다. 광주시가 현대차와 합작 투자하면서 일자리 조건과 거버넌스에 직접 참여하게 된 것이다. 이를 통해 지자체가 지역 일자리 정책에서 더욱 큰 영향력을 발휘할 수 있게 되었다.

아울러 노사민정협의회 체제를 통해 지역사회 전반의 일자리 문제에 다양한 이해관계자가 참여할 수 있게 되었다. 지역노사민정협의회가 임금, 근로시간, 교육 훈련, 취업 연계 등 제반 사안에서 컨트롤타워 역할을 수행하게 됨으로써 일자리 정책의 실효성도 높아질 것으로 기대되는 점이다.

더 나은 일자리를 위한 의제

광주시는 지난 2016년 '더 나은 일자리 위원회'를 구성하여 약 2년간 사회적 대화를 거쳐 적정 임금, 적정 노동시간, 노사책임경영, 원하청 관계 개선 등 '4대 의제'를 도출했다. 이후 2017년 6월 광주형 일자리 실현을 위한 〈기초협약〉을 체결하면서 빛그린 산단의 신규투자 시 그것을 선도 적용할 것을 결의한 바 있다.

광주형 일자리 모델 실현을 위한 기초협약

빛고을, 광주는 공동체가 위기에 처할 때 이를 외면하지 않고 높은 시민공동체정신과 연대의식으로 새 날을 열어온 역사적 경험과 긍지, 사회문화적 전통을 이어왔다.

우리 '광주광역시 더 나은 일자리 위원회'는 그동안 우리가 처한 경제 위기적 상황을 극복하기 위해 노·사·민·정의 사회적 대화와 상생협력이 필요하다는 데 인식을 같이 하며 사회통합형 '광주형 일자리' 정책을 추진하여 양질의 일자리를 창출하고 경제적 불평등과 양극화를 해소하며 '기업하기 좋고 일하기 좋은 도시, 광주'를 시민의 삶 속에 실현하고자 함께 노력해왔다.

우리는 광주형 일자리 정책의 4대 원칙으로 '적정임금 실현, 적정근로시간 실현, 원·하청관계 개혁, 노사책임경영 구현'을 선언함과 동시에 '광주형 일자리 모델' 실현을 위해 더욱 노력할 것을 결의하며 '광주형 일자리 모델'을 대외적으로 적극 공유하고 확산하고자 '광주형 일자리 모델 실현을 위한 기초협약'을 체결한다.

우리는 '광주형 일자리 모델' 실현을 위해

○ 적정임금(연대임금)의 실현을 위해 노력한다.

대한민국의 헌법상 보장된(제2장 32조) 적정임금의 원리를 존중하고 계승하며 사회연대 임금을 지향함과 동시에 임금의 상향 균형화를 기한다.

○ 적정 근로시간의 실현을 위해 노력한다.

1인당 근로시간이 과도하게 긴 노동 상황을 개혁하고 일과 가정, 노동과 쉼의 바람직한 공존을 지향하며 이를 가능케 하는 일자리 질서를 구축한다.

○ 원·하청 관계의 개혁을 위해 노력한다.

불공정하고 불평등한 원·하청 관계를 합리적으로 개혁하고 남녀, 인종, 지역 등 부당한 차별에 의한 임금 격차를 해소할 수 있도록 바람직한 산업질서를 확립한다.

○ 노사 책임경영의 구현을 위해 노력한다.

노사의 신뢰와 책임을 기반으로 한 대화와 소통, 참여를 중시하며 사회적 책임(CSR, USR)에 입각한 노사책임경영의 관행을 확립한다.

○ 자동차 산업과 연계한 '광주형 일자리 선도 모델' 창출 추진에 적극 협력한다.

국책 사업인 빛그린 산단의 '친환경 자동차 부품 클러스터 조성' 사업에 연계한 광주형 일자리 선도 모델 창출 추진에 적극 협력할 것을 결의하며, 정부는 대통령 공약인 '광주형 일자리 모델' 확산과 지원에 필요한 특별법 제정 등 제반 지원과 조치를 빠른 시일 내에 구체화해줄 것을 촉구한다.

2017년 6월 20일

광주광역시 더 나은 일자리 위원회 위원 일동

'모든 국민은 근로의 권리를 가진다.' 적정(연대)임금은 헌법 32조에 근거한다. 여기서 국가는 '사회적·경제적 방법으로 근로자 고용 증진과 적정임금 보장에 노력하여야 하며, 법률이 정하는 바에 의하여 최저임금제를 시행하여야 한다.'고 분명하게 규정하고 있다.

적정 임금은 헌법에 보장된 적정 임금의 원리를 존중하고 임금수준,

임금체계 등 노사가 합의한 협약 임금을 말하는 것이다. 노동자가 사회적 시민권을 누리는 데 필요한 안정적 소득이 확보되고 여타 자기 계발과 참여 기회가 보장되는 양질의 측면에서 적정해야 한다. 이는 실증적 개념이 아닌 규범적 개념을 의미한다.

또한 양극화 해소와 격차 축소의 지향성을 추구해야 한다고 정의하고 있다. 적정 임금은 노동시간 단축을 통해 양극화된 임금구조의 중간지점으로 설정, 40시간을 기준으로 하되 지속적인 근로시간 단축을 염두에 둔 임금체계와 수준이어야 한다. 나아가 최대한 양질의 일자리 창출에도 기여할 수 있어야 하며 주거, 보육·교육, 의료, 교통 등 다양한 지역혁신과 연계하고 지역 자동차산업 및 산업 전체 임금을 상향화하는 역할이 되도록 설계해야 한다.

그렇다면 과연 적정 노동시간은 어떤 것일까? 적정 노동시간은 임금은 좀 적게 받더라도 노동시간을 줄이는 것이다. 이 방법으로 직무몰입을 유도할 수 있는 장점이 생긴다. 남는 시간을 활용해 삶의 질과 경쟁력이 동반 상승할 수 있도록 하려는 것이다. 적정한 노동시간이 필요한 이유다. 따라서 유연근무제와 맞춤형 근무제를 활성화할 필요가 있다.

사실, 적정 노동시간은 근로기준법 제 50조에 근거해 노사 합의를 통해 정시 출퇴근, 노동시간 단축 등을 통한 노동시간을 말하는 것이다(광주형 일자리 조례 제2조 1항 나). 현재 법정근로시간은 주 40시간으로 제한하고 초과근로는 주 12시간 한도로 규정하고 있다. 따라서 이론적으로 가능한 근로시간은 주 52시간이나 광주형 일자리가 지향하는 노동시간은 주 40시간이다.

노동시간 단축을 통해 얻는 효과는 크다. 우선 노동 조건이 개선될 수 있다. 건강한 노동 활동으로 재해 예방이 가능해진다. 또한 집중하며 업무를 할 수 있기에 생산성이 향상하는 건 당연하다. 특히나 고용 확대로 삶의 질이 높아질 수 있다. 결국, 소득주도성장과 같은 효과가 나타나게 되어 있다.

1990년 월스트리트저널에 '우리 모두 지나치게 열심히 일하고 있나'라는 기고를 발표한 미국 아이오와 대학 교수 벤저민 클라인 허니컷(Benjamin Kline Hunnicutt)을 알고 있는가. '지나치게'라는 말은 어디든 부정으로 쓰인다. 하물며 일에 대해 부정적으로 사용했지만, 반대로 노동자들은 이 말에 대해서 긍정했다. 왜, 부정을 긍정해야만 했는가가 중요하다. 많은 노동자가 열심히 일하고 있고 또 열심히 일하는 게 마땅하다. 한데 지나쳐서는 곤란하다. 하지만 너무나 많은 일터에서 이 지나친 일이 지속하여 왔고 그걸 당연시 여겨온 것 역시 사실이다. 그건 우리나라도 마찬가지다.

한 세기에 걸쳐 이뤄졌던 노동시간 단축 운동이 어떻게 진행되었는지에 대해 아무도 관심 없던 1980년대 초 그는 「노동시간 단축의 종말」이라는 제목의 논문을 발표했다.

이 기고문 '우리 모두 지나치게 열심히 일하고 있나?'는 당시 미국 사회에 큰 논쟁을 불러일으켰다. 이후 『켈로그의 6시간 노동제 50년의 역사(1930~1985)』를 출판했다. 6시간 노동제의 종말은 사람들이 시간과 에너지를 쏟는 대상이 '집과 지역사회'에서 '일과 소비'로 옮겨가며 공동체가 붕괴한 것을 지적하고 있다.

우리 광주형 일자리의 문제의식과 일맥상통하는 부분이다. 이해 당사자가 경영 참여를 하는 건 참으로 좋은 발상이다. 어떤 문제든 대화로 풀 수 없는 것은 없다. 시간이 걸리고 이견이 있더라도 얼굴을 마주하고 대화가 오가면 풀리는 문제가 많다. 서로 대립각만 세우고 대화를 단절한 채 자기주장만 하면 문제는 몇 배로 커질 뿐이다. 그러기 때문에 이해당사자 모두의 경영 참여는 참으로 바람직하다. 어느 한쪽으로 치우치지 않는 경영이 이뤄질 수 있어서다.

이 방법은 상생의 노사관계를 구축할 수 있다. 어느 한쪽으로 추가 기우는 걸 방지하기도 하고 불만 표출 상황을 아예 배제하고 갈 수 있다는 큰 장점이 있다. 광주형 일자리가 목표한 것 중 하나이기도 하다. 상호 간 참여의 노사관계를 구축하면 생산성을 올리는 데 큰 도움이 된다. 노사 책임경영이 이뤄지면 가장 많은 다툼의 여지가 있는 적정 임금 또한 문제 발생이 줄어들거나 아예 생기지 않는다. 대단한 이점이라고 볼 수 있다. 뿐만이 아니다. 격차 해소 문제 또한 노사책임경영으로 해결할 수 있다. 그러기 위해서는 이사회에 노동자 대표 참여가 필수조건으로 전제돼야 한다. 노동자 의견을 문제가 발생했을 경우 강제로 듣는 것이 아닌, 수시 대화로 풀 수 있다는 점에서 기존 방식과 현격한 차이를 이룬다.

노사책임경영은 노사 합의에 따라 기업 경영 투명성을 확보해야 한다. 또한 책임 있는 경영실현을 말한다. 기업은 투명해야 하고 노동이해 대표체를 존중해야 한다. 또한 노사 모두 경영 참여에 부정적이더라도 설립과정에서 참여를 보장하고 상생해야 한다. 따라서 기업의 지속성과 성공을 담보하는 것이 무엇보다 중요한 요소라 하겠다.

광주형 일자리의 한계 극복을 위하여

일부에서는 광주형 일자리가 정부 주도의 하향식 정책이라는 지적도 제기한다. 중앙정부와 광주시 차원에서 추진되는 과정에서 지역 내 다양한 주체들의 자발적 참여와 동의가 부족했다는 것이다. 이는 정책의 실효성과 지속가능성을 약화할 수 있다. 아울러 새 정부 출범과 정권교체기에 동력이 약화하거나 정책이 전면 재검토될 가능성이 있다는 지적도 있다. 장기 지속을 전제로 한 정책인 만큼 정부 교체에 따른 정책 일관성 결여가 큰 리스크로 작용할 수 있다.

"5월 광주가 대한민국의 민주주의가 되었듯이 일자리 나눔과 사회통합의 '광주형 일자리 모델'이 전국으로 뻗어나가도록 할 것입니다. 그래서 정치뿐만 아니라 경제에서도 광주정신을 빛내겠습니다."

"광주를 미래자동차 산업의 중심으로 키우겠습니다. 광주가 가진 자동차산업에 전자산업을 더하겠습니다. 빛그린산단을 전기차, 수소차, 자율주행차와 같은 미래형 자동차가 생산되고 부품산업이 집적되는 자동차밸리로 조성하겠습니다. 자동차 100만대 생산기지를 넘어 자동차산업의 패러다임을 바꾸는 것입니다."

"특별법을 제정해 친환경 자동차 정책을 지원하겠습니다. 산업혁신이 '사회통합 일자리'로 이어지게 할 것입니다."

– 문재인 더불어민주당 대통령 후보 광주전남비전기자회견(2017.3.20.)

광주형 일자리 정책이 우리 사회의 노동체제 전반에 지대한 영향을 미치는 만큼, 충분한 사회적 공론화와 국민적 합의 형성이 필요하다는 지적도 있다. 정작 정책 수립과 추진과정에서 이런 절차가 부족했다는 비판이다. 급격한 변화에 따른 사회적 혼란과 반발이 예상되는 만큼 광주형 일자리 모델의 취지와 영향, 기대효과 등에 대한 국민적 이해와 공감대 형성이 뒷받침되어야 한다는 지적이다. 광주형 일자리 모델은 기존 노사관계와 노동시장에 큰 변화를 가져올 혁신적 시도임은 분명하다. 따라서 성공적 정착과 확산을 위해서는 우선, 정부의 지속적이고 일관된 정책 추진이 전제되어야 한다.

개별기업 차원이 아닌 지역 노동시장 중심의 거버넌스 강화를 위해 초기업 차원의 교섭과 이해조정이 원활해질 수 있도록 지역노사민정협의회 등의 역할과 권한을 확대하고 거버넌스를 안정적으로 구축해야 한다. 중소 영세 기업 및 원하청 기업으로 모델을 확산해야 한다. 현재의 대기업 중심의 모델에서 더 나아가 중소 영세, 원하청 기업들로도 광주형 일자리의 정신과 원칙이 확산하여 상생과 혁신의 생태계가 지역에 정착될 수 있어야 한다.

사회적 대화와 국민적 공감대의 지속적인 확보 노력도 필요하다. 노동계와 산업계, 지역사회, 전문가 집단 등 다양한 주체 간의 열린 대화를 통해 정책에 대한 사회적 공감대를 계속 유지하고 발전시켜 나가야 한다. 노동조합의 건설적인 역할과 혁신 의지도 밑받침되어야 한다. 노동조합도 과거의 경직된 태도에서 벗어나 진취적이고 혁신적인 변화를 수용하며, 새로운 모델의 정착을 위해 적극적으로 이바지해야 할 것이다.

반면, 노동인권과 기본권 보장을 위한 제도적 장치 마련이 시급하다. 광주형 일자리 모델이 노동 존중과 상생의 가치를 지향한다면, 노동자의 기본권과 인권이 제대로 보장되고 있는지에 대한 모니터링과 보완 장치가 필요하다. 유연성과 혁신의 과정에서 노동자의 권리가 심각하게 침해되지 않도록 해야 한다. 적정 임금, 사회임금, 단체교섭권, 노동3권 등 핵심 노동권이 제대로 보장받을 수 있는 법적·제도적 장치를 마련해야 한다. 사회적 대화 기구에 이러한 모니터링과 논의가 포함되어야 할 것이다.

차별 없는 고용과 비정규직 문제 해결도 과제 중 하나이다. 적정 임금과 양질의 일자리 창출이라는 목표와는 달리, 새로운 일자리 현장에서 성차별, 나이 차별, 비정규직 등의 문제가 재현되지 않도록 해야 한다. 고용에서 공정성과 기회균등이 보장되어야 할 것이다. 특히 비정규직 문제에서는 기존의 관행에서 벗어나 정규직 일자리 창출을 목표로 삼아야 한다. 차별 해소와 더불어 비정규직의 정규직 전환 등 고용 질적 향상을 위한 방안이 강구되어야 할 것이다.

일·가정 양립 및 작업장 환경 개선도 시급하다. 이 모델이 진정한 삶의 질 향상을 지원한다면 일과 가정의 양립이 가능한 제도와 문화가 마련되어야 한다. 육아휴직, 유연근무제 등 가족 친화적 정책을 강화하고, 장시간 노동에서 벗어날 수 있도록 해야 한다. 아울러 작업장의 환경과 안전도 크게 개선될 필요가 있다. 인간중심의 노동환경 조성을 통해 질병과 스트레스에서 자유로운 건강한 노동이 이뤄질 수 있도록 제도적 뒷받침이 필요하다.

광주형 일자리는 나아가 지속가능한 일자리 창출을 위한 보편적 모델로 발전해 나가야 한다. 이를 위해 일자리의 질, 노사관계, 고용 및 복지정책 등 전반에 걸친 중장기 로드맵이 필요하다. 구체적인 정책 목표와 단계적 이행계획을 수립하고, 분야별 실행방안을 마련해야 한다. 일자리 정책을 개별 사안으로 다루는 것이 아니라 통합적인 관점에서 접근해 지속가능성을 높여나가야 할 것이다.

이와 함께 미래 신기술과 산업변화에 대한 선제 대응이 필요하다. 특히 전기차, 자율주행차로의 전환과 4차 산업혁명 기술변화에 발맞춰 일자리 모델의 지속적인 수정과 보완이 필요하다. 미래 변화를 주도할 수 있는 유연성을 갖춰야 한다.

광산구의 '지속가능 일자리'로의 계승

광주지역 내 최대 산업기반 자치구가 바로 광산구다. 광주 광산구는 광주광역시의 관문이다. 지역 사람이라면 누구라도 자랑스럽게 여기는 지역 요지다. 광산구에는 모두가 아는 것처럼 최대 산업단지가 만들어져 있다. 또한 최근에는 국가산업 단지 추가 지정이 확정된 터다. 광주지역을 총괄하는 경제 초소가 되기에 적합하다. 광주형 일자리의 핵심지가 분명하다. '광산구의 기적'이 일어날 수 있는 것이다.

광산구는 광주형 일자리가 시작된 곳이다. 시작이 반이라 하지 않는가. 중요한 건 시작인데, 어떻게 시작하고 어떻게 이끌어가는가가 관건이다. 자랑할 만한 것은 누누이 강조해온 일자리 개혁 추진 경험이 축적되어 있다는 것이다. 성취 경험이 있기에 의미가 크다. 중요한 건 앞으로의 연결성이다.

광산구는 다양한 산업 여건을 동시 보유한 무한 창출의 보물과 같은 지역이다. 개혁을 위한 많은 일을 추진하기에 매우 유용한 지역이다. 또한 시민들의 자치분과 민주주의에 대한 적극적인 의지가 높다는 것이 무엇보다 매우 큰 장점이라 하겠다. 의지와 실천 없는 개혁은 불가능하다. 다행히도 광주 광산구는 지리적으로나 산업입지 여건과 시민사회 역량 등 여러면에서 상대적으로 좋은 조건을 갖추고 있다.

하지만 조건보다 더욱 중요한 것은 비전이다. 앞날에 대한 청신호가 없다면 모든 계획은 무의미해진다. 당장의 이벤트에 그칠 따름이다. 무슨 일이든 앞날에 대한 기대치가 높아야 추진의 의미가 있다. '광주형 일자리' 같이 세상에 없던 걸 만드는 시도야말로 비전이 무엇보다 중요하다. 한 번의 실험 혹은 한 번의 이벤트라면 큰 의미가 없다. 지속적으로 발전하고 각 지역의 모범 모델이 되어야 하기 때문이다. 광산구에서 추진하는 지속가능 일자리도 그 비전이 한낱 이벤트에 불과하다면 애초 추진도 필요 없다. 그 비전을 담은 지속가능 일자리 특구에 대한 기본구상이 중요하다.

광산구 지속가능 일자리 특구 조성 사업에서는 신규투자와 함께 기존의 일자리에서 개혁을 이뤄 새로움을 창출하려는 노력에 더욱 박차를 가할 것이다. 광주형 일자리에 대한 시도는 처음 하나의 기업을 염두에 두고 그것을 구현해 낸 것이었다. 그래서 처음엔 그 파급력이 제한적일 수밖에 없었던 것이 사실이다. 이에 기반하여 광산구의 새로운 사업에서는 복수의 기업에 대한 종합적 개혁 시도가 추진 될 것이다.

광역단위보다 더 세심하게 접근해야 더욱 더 구체적인 개혁이 이뤄진다. 기초단위의 지역에서부터 모범적으로 개혁을 이뤄야 한다. 결코 불가능한 일이 아니다. 광산구 지속가능 일자리 특구는 국민의 보다 풍요로운 삶을 위한 프로젝트다. 이는 기초지자체에서 구상하고 실행해 간다는 점에서 큰 의미가 있다. 얼마든지 기초지자체에서 가능하다는 걸 보여주는 훌륭한 사례가 될 수 있다고 자부한다.

사업의 비전을 세움에 있어서 시민들의 생각이 사실 가장 중요하다. 이 프로젝트의 궁극적 목적은 시민들의 더 윤택한 삶을 위한 것이기 때문이다. 그래서 실시되었던 것이 '지속가능 일자리 모델 도출을 위한 설문조사 분석'(연구책임: 채준호 전북대 교수)이었다. 다음은 설문 개요다. 우리 사회가 당면한 복합적 위기 요인들이 많다. 이 요인이 일자리에 미치는 영향 정도를 파악, 지속가능 일자리를 추구하려는 방안을 마련하는 것이 목적이었다.

설문조사는 임금근로자와 자영업자 그리고 특수고용과 무직자 등 다양한 시민들을 대상으로 실시되었다. 내용은 인구학적 특성, 일자리 형태. 일자리의 질, 좋은 일자리, 삶터 현황과 인식, 지속가능 일자리 관련 등 총 6개 영역으로 구성되었다. 응답자는 남성 791명(44.4%), 여성 991명(55.6%)으로 총 1,782명이 참여하였다. 임금근로자 979명(54.9%), 자영업자 115명(6.5%), 특수고용 및 종속적 자영업자 96명(5.4%), 어디에도 속하지 않음(무직 및 실업) 592명(33.3%)이 설문에 응답했다. 응답자들의 직업과 정규직 여부를 구분해서 법정 공휴일과 휴식 시간 등을 살펴보았는데, 응답자 모두가 이를 보장받은 경우는 전체 임금근로자의 72.4%였다.

향후 3년 이내에 이직이나 퇴직을 계획 중이냐는 질문에는 '없다'라는 응답이 77.1%로 나타났다. 247명은 퇴직할 의사가 있다고 답했다. 퇴직 희망자가 총 22.9%에 해당한다. 이직이나 퇴직을 희망하는 이유로 가장 많이 답한 것은 다름 아닌 '낮은 급여'였다. 무려 37.1%나 차지했다. 그리고 '고용불안'이 다음을 차지했는데 19.4% 수준으로 나타났다. 전반적으로 경제적 요인이 직장에 대한 인식을 판가름하는 중요 지표라 할 수 있겠다. 또한 '자기 발전 가능성'이 10.1%, '회사 경영 불안 및 낮은 비전'이 8.6%로 나타났다. 결국 단순히 직장인들이 현재 상황만 보고 일하는 것이 아님을 증명한다. 많은 직장인이 회사 비전이 곧 자기 미래 비전이라고 생각한다는 뜻이다. 그래서 미래 비전이 약하게 느껴질 때 이직이나 퇴직에 대해 결심하는 것으로 나타났다.

광산구민들이 생각하는 좋은 일자리에 대해서도 물었다. 좋은 일자리에 대한 답으로 가장 1순위로 고려하는 것은 급여 수준이었다. 응답자 중 30.2%에 해당했다. 이직이나 퇴직과 같지만 다른 답이라고 볼 수 있겠다. '일과 삶의 균형'이 다음을 차지했다. 급여 수준과 크게 차이가 나지 않는 30.1%였다. 다음은 복지 제도로 16.3%를 차지했다.

좋은 일자리를 위한 광산구의 추진과제를 1순위와 2순위로 종합하여 살펴보았다. 원하청, 대기업과 중소기업의 격차 해소를 해결해야 한다는 응답이 가장 큰 비중(21%)을 차지했다. 다음으론 '수평적 기업문화'였다 (17.2%). 예상대로 '정규직 전환 지원' 역시 높은 순위였는데 17%였다. '일과 생활, 균형 관련 제도의 개선' 역시 14.9%로 높은 비중을 차지했다.

광산구에서의 일자리 개혁은 바로 이러한 시민들의 처지와 바램을 담아서 이루어져야 한다. 우리가 추구하는 일자리 개혁은 일종의 '일자리 수요 중심'의 개혁이라고 볼 수 있다. 시민들로 하여금 자신들이 원하고 기대하는 일자리가 어떤 모습을 하고 어떤 요소를 지니는 것인지 목소리를 내게 하고, 기업가들로 하여금 그러한 일자리를 자신들의 기업 내에서 설계하도록 하는 것이다. 그래서 사회적 대화가 필요하고 사회적 타협이 필요한 것이다.

우리는 더 이상 개발도상국이 아니다. 좋은 일자리가 개인의 장시간 노동과 그에 뒤따르는 상대적 고임금의 결합으로만 이루어질 수 없다. 우리가 필요한 좋은 일자리를 다양한 방식으로 설계해 들어가는 일, 그것이 공동체의 지속가능성을 창출해 내는 중요한 사회적 역량이라고 볼 수 있다. 나는 사회적 대화가 잘 이루어지고 기존의 자원들이 새롭게 잘 배분된다면 그러한 사회혁신의 여러 노력이 허황되지 않을 것이라는 믿음을 굳게 가지고 있다.

제5장

지속가능한 일자리, 광산구에서 시작한다

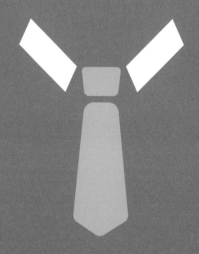

준비된 사회적 대화, 주민자치

광산구청은 시민주권을 실현하기 위해 구청의 기능과 행정의 방식을 시민과 직접 소통하고 시민을 곁에서 보살피며, 시민의 생각을 구정에 반영하는 직접민주적 행정을 펼치고 있다.

기초자치정부로서 시민들의 일상적 삶이 이루어지는 21개 동을 지향하고, 보다 나은 시민의 삶이 이루어지도록 하는 것이 구청의 역할이다. 이를 위해 동 행정복지센터의 기능을 현재보다 더 강화하고, 동 자치를 대화와 협의, 그리고 타협이 이루어지는 민관협력형 거버넌스라고 생각했다.

동 단위의 생활현장에는 커뮤니티를 위한 다양한 활동을 하는 주민조

직들이 있다. 하지만 그간 이들 조직과 주민들이 참여하여 진정한 협의기
능을 하는 자치는 부족했다. 문재인 정부에서 읍면동 주민자치를 강화하
기 위해 기존 주민자치위원회를 주민자치회로 전환했지만 모든 주민과
주민조직이 참여한 협의체라기보다는 기존 주민자치위원회와 별반 다르
지 않은 여러 주민조직 중의 하나에 머물러 있다.

따라서 광산구청은 더 발전된 동 자치와 동 행정기능을 강화하기 위해
동행정복지센터를 비롯한 학교, 피출소 등 커뮤니티 관련 공공기관과 주
민조직 및 주민들이 참여한 개방된 민관협력형 거버넌스가 자율적으로
구성되고 운영되는 자치시스템을 만들어 가고 있다.

▶ 시민중심의 풀뿌리 자치분권

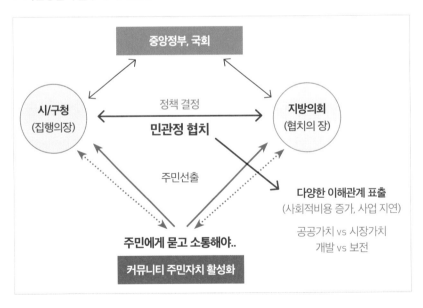

광산구의 21개 동은 작은 마을들로 구성된 민생의 현장이자 시민들의 삶이 펼쳐지는 곳이다. 지역의 여건과 처해진 현실이 다르다. 가지고 있는 물적, 인적, 문화적 자원도 다르다. 각 동이 자기 색깔로 개성 있는 살기 좋은 마을로 발전해야 한다. 주민들이 자기 마을에 자긍심을 갖고 서로 소통하며 살아가는 행복공동체를 만들어야 한다.

이를 위해서는 우리 지역을 어떤 마을과 동으로 만들어 갈 것인지 주민들과 함께 협의하여 실천할 수 있는 계획이 필요하다. 광산구 21개 동별로 주민들에 의한 '동 미래발전계획'을 수립하고 있다. 이는 각 동의 SWOT 분석을 통해 개성있는 마을, 살기좋은 마을을 만들기 위한 중장기 비전과 전략이다. 그리고 선택과 집중에 의한 실천과제를 발굴하여 이를 지속적으로 추진해 나갈 것이다.

동 미래발전계획은 민관 협의체인 거버넌스를 구성하여 대화와 토론 그리고 협의와 타협을 통해 만들고, 모든 주민들과 공유하는 시간을 갖는다. 그리고 광산구청은 주민들에 의해 만들어진 각 동의 계획을 검토하여 각 부서를 통해 반영하여 추진하는 실질적인 동 중심의 광산구정을 펼치는 것이다.

이를 통해 개성있고, 살기좋은 동과 마을을 만드는 것은 물론이고, 주민에 의한, 주민을 위한 현장행정, 맞춤행정을 실천하며, 실질적 동 주민자치 및 주민참여예산제 등의 시민참여 자치행정을 실현해 나가는 것이다.

우리나라는 지속가능성장을 위협하는 양극화, 기후위기, 인구감소, 교육과 복지 등 해결해야 할 많은 당면과제를 안고 있다. 이들 문제의 해결이 안 되는 것은 이해관계가 복잡하게 얽혀 있고, 함께 살아가야 할 공동체라는 의식이 빈약하기 때문이다.

이러한 현상은 커뮤니티인 마을안에서도 고스란히 드러난다. 마을은 우리 사회의 축소판이기 때문이다. 마을안에서 다양한 문제를 해결하기 위해서는 공동체 정신을 가지고 대화하고 협의하여 해결방안을 함께 찾아야 한다. 그리고 함께 실천해야 한다.

내 행동이 공동체를 해치거나 우리 사회의 양극화를 조장하는데 기여했을 수 있다는 성찰이 있을 때 양극화 극복의 노력은 시작된다. 이를 위해서는 "사회적 대화"밖에 없다고 생각한다. 커뮤니티 안에서 대화하고 협의하며 문제를 해결해가는 민관협력형 거버넌스가 지속적으로 운영될 때 사회적 대화가 활성화 될 수 있다.

마을에서부터 시작되는 사회적 대화의 활성화는 진정한 생활자치를 실현하는 것은 물론 정치적 진영논리에서 허우적대는 정치사회적 양극화를 극복하고 당면한 국가, 사회적 과제를 해결하는 문제해결 중심의 정치로 살아날 것이다.

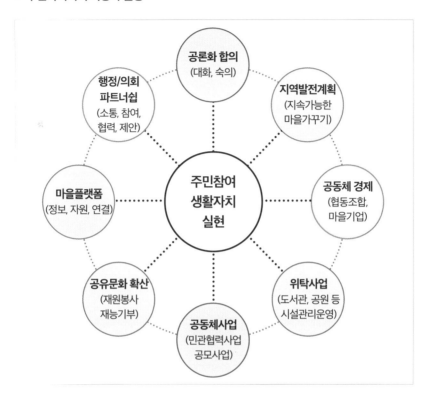

마을에서 사회적 대화는 마을의 문제를 스스로 해결할 뿐만 아니라 우리나라 정치를 생활현장으로 끌어내어 시민주권의 대중정치로 바꿀 수 있는 힘이 될 것이다. 선출받은 정치인은 사회적 대화를 통해 묻고, 듣고, 정보를 함께 공유하면서 모두가 공감하는 문제해결 방안을 도출할 수 있기 때문이다.

광산구의 마을에서부터 사회적 대화 활성화는 생활자치의 실현이며, 시민주권 중심의 민주주의로 발전이며, 함께 사는 사회, 공동체가 살아있는 마을과 대한민국의 지속가능한 성장과 발전에 기여하는 것이다.

'더 나은 일자리, 지속가능한 광산' 구현

광산구는 이런 주민자치를 근간으로 복합대전환시대의 여러 위기와 위험 속에서 지역의 지속가능성을 확보하고, 구민들의 삶의 질을 향상시키기 위해 '더 나은 일자리, 지속가능한 광산'이라는 비전을 설정하고 사회적 대화를 통해 구현하고자 한다. 이는 단순히 일자리의 양적 확대를 넘어, 질적으로 우수하고 안정적인 일자리를 창출하여 구민들이 행복하게 일할 수 있는 여건을 조성하고, 동시에 지역 경제의 지속가능성을 확보하겠다는 의지의 표현이다.

'더 나은 일자리'란 단순히 고용의 안정성만을 의미하는 것이 아니라, 노동자의 권익이 보장되고 적정한 임금이 지급되며, 일과 삶의 균형을 누릴 수 있는 양질의 일자리를 뜻한다. 이를 위해 광산구는 노동자의 목소리에 귀 기울이고, 노동조건 개선과 복지 증진을 위해 노력할 것이다. 또한 복합적 경제위기에 대응할 수 있는 더 나은 일자리를 광산전역에 창출함으로써 일하기 좋고 기업하기 좋은 환경조성 및 지속가능한 '일자리 특구'를 구현하고자 한다.

'지속가능한 광산'은 경제, 사회, 환경의 조화로운 발전을 통해 현세대는 물론 미래세대까지 안심하고 살 수 있는 도시를 만들겠다는 광산구의 비전이다. 이를 위해 광산구는 지역 경제의 지속가능성을 높이기 위한 다양한 정책을 추진할 계획이다. 첨단산업과 신산업 육성, 중소기업 및 소상공인 지원, 지역 순환경제 활성화 등을 통해 지역 경제의 체질을 개선하고, 외부 충격에 대한 회복력을 높여 나갈 것이다. 아울러 사회적 경제 활성화, 도시재생 및 녹색 인프라 확충 등을 통해 주민들의 삶의 질을 높이고, 살기 좋은 지역 공동체를 만드는 데도 힘쓸 계획이다.

광산구의 '더 나은 일자리, 지속가능한 광산' 비전은 단순히 구호에 그치지 않고, 구체적인 목표와 실천 전략으로 뒷받침된다. 첫째는 '사회적 대화를 통한 좋은 일자리 창출'이고, 둘째는 '일하기 좋고 기업하기 좋은 환경 조성'이다. 이 두 가지 목표는 상호 보완적인 관계에 있으며, 궁극적으로 지속가능한 지역 발전을 이루기 위한 토대가 될 것이다.

시문시답(市問市答) 풀뿌리형 사회적 대화의 첫 삽

광산구의 '사회적 대화를 통한 좋은 일자리 창출' 시도는 일터와 삶터의 기층 시민들을 중심으로 하는 소통과 협력을 바탕으로 일자리의 양과 질을 동시에 높이겠다는 목표에서 발아됐다. 이를 위해 광산구는 다양한 이해관계자들이 참여하는 '광산구 시민참여형 사회적 대화' 체계를 구축하고, 이를 통해 지역 현안을 진단하고 개선방안을 모색할 계획이다.

지속가능성을 향한 일자리 거버넌스의 공백지대는 우리 사회의 유력한 세력인 특정 대기업도, 중앙정부도 온전히 메우기 어렵다. 지자체장이나 행정, 의회 등 일부의 결단만으로는 한계가 극명하다. 특히 시민과 지역사회의 미래 삶을 결정하는 중요한 정책들은 시민들의 폭넓은 참여와 숙의공론화가 무엇보다 절실히 필요한 상황이다. 지속가능성의 기획에 있어서 필수불가결한 '아래로부터의 민의의 집약'과 '섬세한 처방의 마련'은 지자체와 지역의 시민사회가 협력해서 도모하는 것이 효과적이기 때문이다.

광산구는 제조업을 중심으로 다양한 산업여건을 동시에 보유하고 있어서 일자리 관련 새로운 개혁을 추진하기에 적절한 환경적 요인을 갖추고 있다. 또한 근래에는 GGM으로 상징되는 '광주형 일자리'가 실제 추진되고 있는 지역이어서 그러한 기존의 개혁정책과의 연계성을 갖고 추진하기에 매우 유리한 조건을 가지고 있다.

나아가 우리나라 어느 지역에 못지않게 시민사회가 발전해 있고 민주주의에 대한 시민들의 수준이 높은 지역이다. 아울러 지난 2년 동안 지켜봤지만 광산구 공직자들의 시민들과의 공감능력과 남다른 헌신성은 지속가능한 광산을 위한 가장 튼튼한 토대다. 그런 시민들과 공직자들이 있고, 지자체장인 나의 확고한 철학과 높은 정책추진 의지가 있기 때문에 나는 시간은 좀 걸리겠지만 반드시 해낼 자신이 있다.

그런 객관적 조건과 주체적 동력을 갖고 있기 때문에 중요한 것은 그러한 조건을 최대한 활용하고 동력을 최대한 모으기 위해 사회적 대화보다 더 좋은 방법은 없다는 것이다. 아니 솔직히 그 방법 밖에 없다고 본다.

이에 광산구는 기존 사회적 대화의 한계를 극복하고 시민 주도의 혁신적 대화 모델을 만들기 위해 '시민참여형 사회적 대화'를 제안하였다. 광산구의 시민참여형 사회적 대화는 시민들이 직접 문제를 제기하고 해법을 모색하는 풀뿌리 중심의 대화 모델로, 일터뿐만 아니라 삶터까지 대화의 장을 확장하였다.

이러한 광산구의 시민참여형 사회적 대화는 먼저 지난 2년 동안 열심히 시민들을 찾아가서 만나는 동안 일자리 문제가 단순히 일터에서만 있지 않고, 시민들이 살고 있는 삶터 즉 마을에도 있다는 깨달음에서 시작되었다. 그래서 나는 기존의 일자리 관련 사회적 대화가 주로 일터인 산업현장의 노사와 지역의 대표자들로 구성된 상층 중심이었다면, 이제는 삶터인 마을에서도 마을의 인적 물적 자원을 활용한 돌봄이나 에너지 전환 등 일자리 관련 사회적 대화를 통한 자구적 대안을 모색할 시대가 되었다고 본다. 여기서 중요한 것은 이제 일자리 문제는 더 이상 중앙정부나 대기업의 점유물이 아니라는 점이다.

두 번째는 독일 '노동 4.0'의 녹서와 백서에서 영감을 받았다. 앞에 3장에서 소개한 대로 독일의 노동4.0은 2년이 넘는 기간 동안의 사회적 대화와 그것을 담아낸 녹서(질문)와 백서(답변)로 구성되었다. 단순히 토론을 위한 토론이 아니라 지금의 위기에 대응하고 살아남을 중장기적 대안과 실천방안, 법률 등 제도화 방안까지 망라한 사회적 합의를 만들어낸 것이었다.

이렇게 만들어진 독일의 노동4.0은 산업4.0과 함께 독일의 일자리 혁명을 이끌어낸 가장 확실한 지침서 역할을 했다. 시민들이 직접 참여해서 만든 정책이었기 때문에 정책에 대한 시민들의 수용성과 이후 추진 과정에서의 실효성을 보장할 수 있었고 여러 어려움을 극복하고 성공할 수 있었던 것이다. 현재 광산구에서 추진하는 시문시답(市問市答: 시민이 질문하고 시민이 대답하는) 사회적 대화는 바로 독일의 노동4.0의 녹서와 백서를 우리사회의 광산구에 맞게 적용해보고자 하는 것이다.

광산구의 시민참여형 사회적 대화는 급변하는 환경 속에서 지역이 직면한 문제를 시민의 힘으로 해결하고, 지속가능한 발전 모델을 모색하기 위한 광산구의 혁신적 시도라고 할 수 있다. 단순한 문제 해결을 넘어 시민 스스로가 지역의 미래를 설계하고 실현해 나가는 과정이라는 점에서 그 의미가 크다.

우선, 시민참여형 사회적 대화는 기존의 사회적 대화와는 여러 면에서 차별화된 특징을 갖는다. '풀뿌리형 사회적 대화'(Grounded Social Dialogue)로 대표되는 광산구의 시민참여형 사회적 대화는 새롭고 참신한 현장목소리를 청취함으로써 다양한 이해관계자들의 능동적 참여와 숙의공론화를 통한 일터와 삶터의 혁신을 지향하고 있다.

무엇보다도 대화의 중심 주체가 기존의 노사정 또는 노사민정의 상층 대표에서 일반 시민으로 확장되었다는 점이 가장 큰 변화라고 할 수 있다. 시민참여형 사회적 대화에서는 지역 현안에 관심 있는 다양한 계층의 시민들이 직접 참여하여 문제를 제기하고 해법을 모색한다. 이는 대의 민주주의의 한계를 보완하는 직접민주주의의 요소를 강화함으로써 시민 주도의 숙의민주주의를 실현하려는 시도로 볼 수 있다.

둘째, 광산형 사회적 대화는 대화의 장을 일터에서 삶터로 확장하였다. 기존의 사회적 대화가 주로 근로조건 개선이나 노사관계 안정화와 같은 기업 내부의 이슈에 초점을 맞추었다면, 시민참여형 사회적 대화는 지역 사회 전반의 의제로 확장하여 시민들의 실제 삶과 밀접한 문제들을 다룬다. 일자리 문제를 비롯하여 주거, 돌봄, 교육, 문화, 환경 등 시민들의 삶의 질에 직결된 다양한 의제들이 포괄적으로 논의된다. 이를 통해 지역 사회의 지속가능성을 높이고 시민들의 실질적인 삶의 변화를 이끌어내고자 한다.

"시민이 질문하고 시민이 대답"하는 '시문시답(市問市答)'의 과정을 내건 시민참여형 사회적 대화는 정책 형성 과정에 시민 참여를 제도화한 새로운 숙의 과정을 도입하였다. 앞서 이야기했듯이 독일의 '노동 4.0'의 녹서와 백서 작성 과정에서 영감을 받아, 녹서-백서-청서라는 3단계 숙의 과정을 설계하였다.

일반적으로 '백서'는 특정한 분야에 대한 현황분석과 미래 전망 등을 정리한 보고서로 알려져 있다. 반면, '녹서' 단계는 다소 생소할 수 있는데, 정책을 결정하기 전에 시민과 이해관계자들이 직접 문제를 제기하고 다양한 아이디어를 제안하는 열린 토론의 과정을 담아낸 보고서라고 할 수 있다. 주요 질문(의제)를 먼저 정하고 거기에 대한 다양한 의견(대답)을 정리한 일종의 대화록인 셈이다.

그동안 행정절차에서는 '녹서' 단계의 사회적 대화는 생략되고, 주로 선거과정에서 수립된 정책 공약이나 국정과제 등 시책을 한 두번의 전문가 포럼이나 시민공청회 등의 사회적 대화를 거쳐 바로 청서 단계로 나아가는 것이 일반적인 과정이었다. 하지만 이마저도 생략하고 추진되는 정책이 부지기수이다. 그러한 정책은 결국 실패할 가능성이 크며, 성공하더라도 지속가능성이 현저히 떨어지는 것이 대부분이다.

광산구의 지속가능한 일자리를 위한 사회적 대화는 '녹서' 수립을 위한 새로운 사회적 대화의 단계를 행정절차에 도입하여 만들어진 정책을 재구성함으로써 정책의 민주성, 수용성, 현실성, 실효성, 지속가능성을 최대한 높이려 하고 있다.

독일 노동사회부는 2008년 세계적인 금융위기를 겪은 이후 급변하는 술과 기후 등의 변화에 대한 노동의 대응 전략으로서 2016년 '노동 4.0 백서'를 발간하였다. 백서의 간행에 앞서 진행된 작업이 바로 '노동 4.0 녹서'였다. 백서는 독일정부의 '노동 4.0' 그리고 '산업 4.0'과 함께 전 세계적으로 미래의 산업과 일자리, 노동정책의 교과서라 할 만큼 큰 영향을 미쳤으나, 사실 이 녹서가 있었기에 백서가 가능했다.

'녹서'는 한마디로 '더 많이, 더 깊이' 시민들의 목소리를 경청하고자 함이다. 따라서 '녹서' 수립과정에서 가장 중요한 것은 '시민이 묻고 시민이 답하는' 시민 중심의 대화를 보장하는 것이다. 물론 행정과 기획자(전문가), 진행자와 촉진자 등은 참여하지만 간섭하지 않으며, 최대한 지원하는 것을 원칙으로 해야 한다.

'좋은 녹서'는 '좋은 백서'를 만들기 위한 전문가 토론, 시민 공론장과 같은 사회적 대화의 길잡이다. '백서' 단계에서는 전문가 포럼과 시민공론장을 통해 수렴된 의견들을 종합하여 정책을 구체화한다. '좋은 백서'에 담긴 정책은 '녹서'와 '백서'의 수립 과정에서 여러모로 검증된 만큼 가장 강력한 추진 동력(힘)과 가장 현명한 방향(지혜)를 이미 갖추게 되는 것이다.

마지막 청서 단계에서는 실행 계획을 수립하고 이해관계자 간 합의를 도출한다. 따라서 '청서' 단계에서 가장 중요한 것은 정책에 대한 신념과 의지이며, 예상되는 여러 상황들을 헤치고 나갈 전략과 전술인 셈이다. 청서는 그러한 의지와 실행계획은 담은 청사진이라 할 수 있다. 이러한 단계별 숙의 과정은 정책의 민주적 정당성을 높이고 사회적 수용성을 제고하는 데 기여할 것으로 기대된다.

광산구의 시민참여형 사회적 대화는 말 그대로 '더 많은 참여, 더 나은 결정을 위해 시민이 묻고 시민이 대답'하는 '풀뿌리 중심의 사회적 대화'이다. 이는 대화이 중심주체가 상층이 아니라 기층 시민이라는 점, 대화의 장(범위)을 일터(산업)에서 삶터(마을)로 확장했다는 점, 행정의 정책추진의 일반적 절차에 '시민 중심의 숙의공론화' 과정을 새롭게 추가하였다는 점, 새로운 일자리 창출뿐 아니라 현재 일자리 개선에 중점을 두고 있다는 점에서 기존의 다른 사회적 대화와 다른 특징을 갖는다.

따라서 광산구의 지속가능 일자리 구상과 실행은 관과 민의 유기적인 협치를 통해 구현해야 한다는 인식에서 출발해, 관 주도의 일방적 방식이 아니라 시민과 더 깊게 소통하고 호응하는 쌍방향 정책으로서의 성격을 띄고 있다.

시민참여형 사회적 대화 과정을 통해, 시민 스스로 지역현안과 삶의 문제에 대한 고찰을 통한 공론화와 사회적 대화를 체계적으로 구축하여 문제의식과 가치의 내면화, 그리고 능동적이며 자발적으로 문제 해결의 주체로 나설 수 있도록 이끌고 있다.

질문던지기로 시작하는 낯선 대화

광산구는 작년 지속가능 일자리 특구 자문단 구성을 시작으로 이미 사회적 대화 논의체의 기초형태를 갖추기 시작했다. 올해는 '지속가능일자리 사회적대화추진단'을 구성하여 이를 주축으로 사회적 대화의 주체발굴과 녹서 및 백서 제작, 간행을 준비하였고 진행하고 있다. 이 단계에서 각 의제들을 종합적으로 검토·논의를 거쳐 다양한 단위와 내용의 일자리 개혁, 즉 지속가능 일자리 구축의 녹서 및 백서를 만들어낼 수 있을 것이다. 사실상 추진단은 광산구 지속가능 일자리회의 구성까지 사회적 대화를 책임지는 TF형식의 임시기구이지만 지속가능한 일자리가 왜 필요하고, 시민들이 스스로 무엇이 어떻게 개혁되기를 원하는지 능동적으로 질문을 던지고(녹서) 답을 찾아가는(백서) 사회적 대화의 경험을 더욱 공고히 할 수 있도록 추동하는 위상을 지니고 있다 할 수 있다.

사회적 대화를 통한 해법 마련의 첫단계는 질문던지기에서부터 시작되어야 한다. 그것이 광산구 시민참여형 사회적 대화의 정체성이라 할 수 있다. 그러기 위해서는 녹서 제작단계인 1단계 사회적 대화 과정이 잘 기획되어야 한다. 시민들로 하여금 질문을 하도록 유도해 내면서, 핵심 아젠다를 정립하고, 대안적인 일자리 모델의 핵심적 구성요소를 기획해 나가야 한다.

▶ 사회적 대화 추진과정 지속가능 일자리특구 조성을 향한 단계(과제)별 추진(안)

사전단계: 자문단 회의 및 연구용역	1단계: 녹서(Green Book) 제작과 추진단 구축
· 준비단계 (24년5월~6월) · 자문단회의 연구용역 수행 · '지속가능일자리실무추진단' 구축 · 사회적 대화 과정 구상+논의 아젠다 검토 · 사전단계 이후 과정설계	· 공론화와 녹서제작과정: (24년7월~10월) · (가칭) 지속가능일자리 사회적 대화 추진단 구성 · 녹서의 제작, 심화 의견 수렴+구체적인 안을 녹여내기 위한 원리정립 과정(해당 의제 중심의 일자리 전망과 우려, 해법, 희망사항 등을 제시) · '공론화동반형 사회적 대화' · '대중의 마음 다지기'를 지향하는 공론화 과정

2단계: 백서(White Book) 제작 추진단에서 추천	3단계: 지속가능일자리회 구축 영역별 사회적 대화의 전개
· 백서 제작 단계 (준비: 24년11월~25년2월) (실행: 25년2월~25년4월) · 백서: 녹서(질문)에 대한 대답을 찾고 개혁원칙, 핵심아젠다 정립모색+사회적 합의 공식화 · 녹서의 의견을 분석하고 재정립, 지속가능한 일자리의 원리로 의제화+문제제기 집단이 참여한 사회적 합의 정립	· (가칭) '광산구 지속가능일자리' 구축 · 청서제작단계: (25년5월~6월) · 사회적 대화 전개와 실행: 업종, 직종, 지역(산단) 기업중심 · 청서(실행방안+추진계획) 제작을 위한 구체적 단위 중심의 사회적 대화 구현 (가칭) '광산구 지속가능일자리회' 주도로 추진 · 2025년 영역별 사회적 합의 구체화+시범사업 실행의 상 제시

후속단계: 법률화와 특구지정
· 지속가능일자리모델 성과 보편화 및 확산을 위한 법률 제정 모색 · (가칭)지속가능일자리특구의 제도적 기반마련 · 후속지원이 필요한 영역 중 심의특구 지정, 사업심화 도모 · 특구지정단위 업종, 직종, 지역(산업단지), 기업 등

광산구는 지속가능한 일자리를 위해, 지속가능성을 위협하는 8대 위기 요인으로 저출생, 고령화, 기후위기, 지역소멸, 불평등과 양극화, 교육문제, 디지털전환, 탈세계화 설정하고, 이를 바탕으로 대안적인 일자리 모델을 위해 ▲ 새로운 노동보상체계, ▲ 일하는 방식의 개혁, ▲ 일터 내 사회적 관계의 재구성, ▲ 산업구조 혁신과 일자리 변동 등 4대 논의를 고민하고 있다.

이를 토대로 녹서와 백서를 만들기 위한 질문과 대답을 시민들을 통해 끌어내고, 각 아젠다별로 광산구의 상황에 부합하는 일자리 모델의 원리로 정립해 들어갈 것이다. 이러한 녹서의 제작과정은 사회적 대화의 본격적인 시작이며, 한국에서 한 번도 시도된 바 없는 '시민참여형 사회적 대화' 과정이라 할 수 있다. 다시 말해 녹서제작에 참여하는 '일자리 발굴단' 이름으로 참여하는 시민들은 필요한 일자리 개혁을 향한 질문을 주도적으로 던지는 이들임과 동시에 그에 대한 해답의 방향성을 찾아가는 주체이기도 한 것이다.

녹서는 한마디로 다양한 시민들의 목소리를 듣고 기록하는 것이다. 제안된 정책에 대해 시민들이 서로의 질문과 대답을 통해 그 정책을 시민자신의 것으로 만드는 과정이 중요하다. 그 정책이 왜 필요한지, 무엇이 바람직하고 무엇이 문제인지, 언제 어떻게 해야할지 등에 묻고 스스로 답하는 과정에서 정책은 검증되고 풍부해지며 실현가능한 목표로 거듭날 수 있기 때문이다. 지속가능 일자리의 보편적인 문제의식을 공유하는 과정을 통해 지역의 다양한 주체들은 스스로 현실을 진단하고 해결을 위해 필요한 질문을 던지는 과정을 통해, 민주주의를 실현하는 셈이다.

1단계 사회적. 대화가 시민들로 하여금 질문을 던지고 광산구의 지속가능일자리에 대한 문제의식을 공유하며 참여를 유도케 하는 것을 목표로 한다면, 2단계 사회적 대화는 지속가능 일자리에 대하여 시민들이 답을 내리고 그것을 하나의 합의된 논의물로 도출해내는 내는 작업인 '백서'제작 단계라 할 수 있다.

녹서에서 논의 범주들에 따라 다양한 쟁점들에 대해서 시민들로 하여금 변화의 필요를 느끼게 하고, 그에 대해서 자신들의 질문과 의견을 제시하도록 하는 것을 수행한 후, 그 결과를 모으고 집약하여 의제를 간추리고 보다 심화된 사회적 대화를 통해 지속가능한 일자리를 구현하기 위한 사회협약을 체결할 수 있을 것이다.

2단계 사회적 대화에서 광산구민들이 지속가능한 일자리가 갖추어야 할 모습에 대해 어떠한 상을 가지고 있는지 거칠게나마 파악하고 이를 공유한 후, 그 핵심적인 처방과 쟁점, 그리고 실현방식 등을 정리하여 다시 공론화와 사회적 대화를 통해 구체적으로 합의된 형태의 의제로 정리해낼 수 있을 것으로 기대한다. 다만, 이때의 사회적 대화의 기구는 가칭 '광산구지속가능일자리회'로 그 역할이 이관되는 방식을 채택할 수 있을 것이다.

이 과정의 사회적 대화는 구체적으로 실행할 지속가능 일자리 지대의 지정과 실행안 구축을 통해 '지속가능한 대안 일자리 모델'의 구체적인 실행방안을 모색하는 단계라 할 수 있다.

시민의, 시민에 의한, 시민을 위한 대화

녹서를 완료하고 백서를 제작하면서 사회적 대화 추진단을 가칭 '광산구지속가능일자리회'로 사회적 대화 기구를 확대 강화하여 일자리 모델의 원리를 개발하고, 포괄적 사회협약의 체결 등을 도모할 수 있도록 할 계획이다. 녹서 및 백서 제작과정에서 발굴한 다양한 주체들이 일자리회에 참여하여 지속가능 일자리 모델의 정립과 확산을 위한 주요 사항을 논의하고, 일자리회는 직능별·지역별 사회적 대화를 활성화하기 위한 운영지원을 하는 기구가 될 것이다.

(가)광산구지속가능일자리회는 기본적으로 본위원회를 핵심논의 및 의결단위로 두고, 광산구와 광산구노사민정협의회와의 긴밀한 협력관계를 유지하는 구조로 구성되는 것이 바람직하리라 본다. 본위원회는 자문단으로부터 내용적, 정책적 지원을 받고, 논의의 합의를 효과적으로 지원하고 보다 심도있고 체계적인 사회적 대화가 이뤄질 수 있도록 운영할 것이다.

이 단계의 사회적 대화는 광산구의 시민참여형 사회적 대화가 본 궤도에 오른 것을 의미한다. 일자리회라고 하는 사회적 대화체를 공고화시켜 가는 과제와 더불어 영역별 일자리 모델을 생성해 내고 그것을 협치를 통해 실현해 가기 위한 노력들이 결실을 맺는 과정인 셈이다.

일자리회와 영역별 협의체는 광산구와 함께 지속가능 일자리 특구의 지정을 위한 사전단계로서 지속가능 일자리 실행지대를 설정하여 사회적 대화를 활성화시켜 대안적인 일자리 모델을 구축하고, 그것을 실행해 가며 변화를 도모해 성과를 축적해 갈 수 있다. 특구는 그러한 모델들이 축적되면서 실형단위별 모델로 가꾸어질 수 있다.

영역별 실행모델이 만들어졌다면 그 사례들을 기획하고 실행한 결과물을 집대성하여 사후적으로 청서를 제작할 수 있다. 청서는 녹서, 백서를 바탕으로 그것에서 파생된 다양한 가지들과 열매들을 담아내게 될 것이다.

이런 광산의 시민참여형 사회적 대화는 유럽의 코포라티즘 모델, 특히 독일의 노사정 협의 시스템과 비교될 수 있다. 독일은 제2차 세계대전 이후 노동조합, 사용자단체, 정부가 대등한 위치에서 사회적 대화를 진행해 왔다. 임금, 근로조건, 사회보장제도 등을 노사정이 함께 결정하는 코포라티즘 모델은 독일 경제의 안정과 발전에 기여했다고 평가받는다.

광산구의 시민참여형 사회적 대화는 독일식 모델에서 영감을 받았지만, 한국 사회에 맞게 혁신한 정책이라고 할 수 있다. 한국 사회는 아직 임금, 근로조건, 사회보장제도 등을 노사정이 함께 결정하는 독일식 코포라티즘을 그대로 적용하기 어려운 현실이다. 노사 간 자발적 타협이 쉽지 않고, 정부가 적극적으로 개입하지 않으면 대화가 지속되기 어려운 구조이다.

시민참여형 사회적 대화는 이런 문제의식 위에서 시민을 전면에 내세웠다. 기업별 노조가 아니라 지역 노동자들이, 사용자단체가 아니라 지역 상공인들이 대화에 참여하게 된다. 광산구는 조력자이자 협력자로서 중립적 입장에서 대화를 지원한다. 참여한 시민들 스스로가 의제 설정에서부터 합의 도출, 정책화까지 전 과정을 주도한다는 점에서 독일식 모델과는 확연히 구별된다 할 수 있다.

또한 독일의 사회적 대화가 주로 노동시장 이슈에 초점을 맞췄다면, 광산구의 시민참여형 사회적 대화는 훨씬 폭넓은 의제를 다룬다. 단순히 일자리 문제뿐 아니라 주거, 교통, 문화, 복지 등 지역 주민의 삶의 질 전반을 아우르는 의제 발굴이 이루어진다. '시민 삶의 질 향상'이라는 포괄적 비전 아래 경제, 사회, 환경 등 다방면의 정책들이 종합적으로 다루게 됨으로써, 독일에 비해 훨씬 혁신적이고 실험적인 모델이라고 할 수 있다.

광산구의 사회적 대화 과정은 시민참여형 거버넌스를 통해 투명하고 민주적으로 운영된다. 우선 의제 선정 단계부터 시민들의 직접 참여가 보장된다. 시민, 노동자, 소상공인, 학생 등 지역 주민 누구나 녹서 작성을 위한 대화에 참여할 수 있다. 온라인 플랫폼, 공론장, 간담회 등을 통해 자유롭게 의제를 제안하고 토론에 참여할 수 있도록 보완해 나갈 것이다.

사회적 대화 추진단과 시민이 참여하는 일자리 발굴단의 구성에서도 개방성과 다양성의 원칙이 적용된다. 공개모집을 통해 구성되며, 성별, 연령, 직업 등에서 균형을 이루도록 노력한다. 특히 노동계, 경영계, 사회단체 등 이해관계자 그룹 간 대표성을 확보하는데 노력할 것이다.

아울러 정책 대안 마련을 위한 공론화 과정도 철저히 시민 중심으로 운영할 것이다. 주요 의제에 대해서는 별도의 시민공론장을 개최하여 일반 시민들의 의견을 폭넓게 수렴하되, 전문가 포럼, 자문회의 등도 병행하여 현장성과 전문성을 보강할 것이다. 공론장에서 제시된 의견은 백서 작성에 적극 반영토록 할 것이다.

이런 절차와 과정의 시민 참여 방식을 통해 녹서 단계의 정책 아이디어가 백서를 거쳐 구체적인 실행계획으로 구현되는 것이다. 요컨대 광산형 사회적 대화는 녹서-백서-청서의 선순환 구조 하에 의제 발굴부터 정책 집행, 평가에 이르기까지 전 과정을 시민 주도로 운영하는 모델이다. 기존의 폐쇄적이고 국한된 사회적 대화에서 벗어나, 개방과 참여, 숙의와 협치의 원리를 전면에 내세운 혁신적 시도라 할 수 있다.

광산구가 현재 추진 중인 시민참여형 사회적 대화는 아직은 최초의 시도인 만큼 시민참여도의 확대, 대표성의 강화, 온라인 소통 등 대화 방식의 다양화 등 앞으로 보완해야 할 과제들이 많다. 무엇보다 공론장에서 도출된 사회적 합의가 구속력을 가지고 지속가능한 정책으로 이어지도록 제도적 기반을 계속 강화해 나가야 할 것이다.

그럼에도 불구하고 광산형 사회적 대화는 그 자체로 의미 있는 시도다. 주민 스스로 지역의 문제를 발굴하고, 전문가와 이해관계자가 머리를 맞대고 해법을 모색하며, 합의 도출을 위해 인내심 있게 대화하는 민주적 과정 그 자체가 소중한 경험이기 때문이다. 특히 사회적 신뢰가 낮고 갈등이 극심한 한국 사회에서 광산구의 시민참여형 사회적 대화 모델이 주는 시사점은 매우 크다고 할 수 있다.

광산구의 시민참여형 사회적 대화는 이제 시작이지만 앞으로는 끝도 없이 무한히 계속 되는 과정이다. 사회적 대화는 숨 쉬는 공기와 같기 때문이다. 그것이 중단되는 사회는 상상하기 어렵고 지속가능성을 보장하기 어렵기 때문이다. 지금 우리사회의 가장 큰 사회적 갈등이자 국민의 걱정거리인 의대정원 문제도 거기서 비롯되었고, 앞으로의 유일한 해결 방법도 거기에 있다고 나는 확신한다.

광산구의 시민참여형 사회적 대화는 시민의 시민에 의한, 시민을 위한 지방자치와 민주주의의 새 지평을 함께 열어갈 광산구의 새로운 시도이며, 우리 사회 곳곳에 민주주의의 싹을 틔우는 희망의 씨앗이 되리라 기대한다.

지속가능한 일자리, 더불어 잘 사는 사회

광산구는 지난 해 1월 지속가능 일자리특구 조성을 위해 전담조직을 구축하고 정책추진의 동력을 마련하였다. 또한 2월에는 지역과 전국의 일자리 전문가들을 모시고 자문단을 구성하여, 10여 차례의 토론을 통해 7월에는 「지속가능 일자리 특구 조성 추진계획」을 마련하였다. 이러한 성과를 바탕으로 작년 하반기부터 올해 4월까지 연구용역을 통해 〈지속가능 일자리 조성을 위한 연구용역 보고서〉를 펴냄으로서 지속가능 일자리모델 정립과 특구 조성을 위한 밑그림을 완성하였다.

올해 5월에는 〈지속가능 일자리 사회적 대화 추진단〉을 구성하여 7월부터 내년 6월까지 진행되는 〈광산시민 지속가능 일자리 대토론회(市問市答)〉을 위한 일자리 발굴단을 모집하였고, 녹서-백서-청서로 이어지는 토론을 추진중이다.

정책 추진을 위한 각종 거버넌스 구축, 사회적 대화 추진과 함께 특구 조성의 제도적 기반을 마련하기 위한 노력도 병행할 계획이다. 광산구는 지속가능 일자리특구 조성을 안정적이고 효과적으로 추진하기 위해서는 제도적 기반 마련이 필수적이라고 판단하고 특구의 지정 요건과 절차, 재정 지원, 규제 특례 등을 법과 제도로 명확히 규정함으로써 특구 운영의 예측 가능성과 지속가능성을 담보해나갈 것이다. 또한 특구가 장기적 비전을 갖고 안정적으로 운영될 수 있도록 재정적·행정적 지원 체계를 강화하는 데에도 힘쓸 계획이다.

우선 광산구는 '지속가능 일자리특구' 지정을 위한 지속가능발전법 등 기존 법률 개정이나 별도의 특별법 제정 등 다양한 입법 방안을 검토하여 중앙정부와 국회에 건의할 방침이다. 고용노동부 등 관계 부처와 긴밀히 협의하여 특구 지정 근거와 요건, 절차 등을 법제화하는 방안을 모색할 계획이다. 특구 내 입주 기업에 대한 세제·재정·규제 지원, 실증 사업에 대한 특례 적용 등의 내용도 포함될 것이다.

지자체 차원의 제도 정비도 속도를 낼 방침이다. 지속가능 일자리 지원에 관한 조례를 제정하여 광산구 내 좋은 일자리를 창출하고, 지원을 위한 제도적 기반을 마련할 계획이다.

특구 조성의 재정적 기반을 공고히 하는 것도 중요한 과제이다. 이를 위해 광산구는 "지속가능 일자리 기금" 조성, '공동복지기금' 조성, 중앙정부의 지원사업 등 안정적인 재원 확보 방안을 모색할 계획이다. 확보된 재원은 특구 내 인프라 구축, 기업 지원, 실증 사업 등에 투입할 예정이다. 아울러 중앙정부의 각종 일자리 관련 사업 예산도 적극 유치하여 특구 운영의 재정적 기반을 다져나갈 계획이다.

제도적 기반 마련을 위한 광산구의 노력은 지속가능 일자리 창출이라는 정책 목표를 뒷받침하는 견고한 토대가 될 것으로 기대된다. 제도의 힘을 통해 정책의 안정성과 연속성을 확보하고, 다양한 지원 수단을 통해 특구 조성의 실효성을 높여 나갈 수 있을 것이다. 무엇보다 제도화를 통해 일자리 문제 해결을 위한 지역 사회의 공동 노력을 이끌어내고, 지속가능한 일자리 창출이라는 시대적 과제 해결에 광산구가 선도적 역할을 수행할 수 있는 기반이 마련될 것으로 전망된다.

'지속가능 일자리특구' 조성의 궁극적인 목표는 좋은 일자리를 광산구 전역으로 확산하는 것이다. 아울러 광산구에서의 성공적인 모델들이 전국으로 확산되어 나라 전체가 더불어 잘 사는 지속가능한 사회가 되기를 건절히 희망한다.

첫 결재, 찾아가는 경청구청장실

지난 2022년 7월 1일 취임 후 첫 결재는 '찾아가는 경청구청장실'이었다. '찾아가는 경청구청장실'을 운영하겠다고 나의 제안에 주변의 우려가 쏟아졌다. 구청장 당선후 인수위 업무보고때 꺼낸 의견에 담당 과장은 한 달에 한 번 정도, 이마저도 3개월 후쯤부터 시작할 수 있을 것 같다며 조심스럽게 말을 꺼냈다. 하지만, 1주일에 한 번, 그것도 지체할 시간이 없이 당장 시행해야 한다고 고집을 피웠다. 시민들이 지역사회의 현안들을 잘 꾸려나갈 것으로 믿고 나를 선택해줬는데, 광산구를 위해 일하겠다면서 정작 시민들의 이야기를 듣지 않는다는 것은 어불성설이다. 한시라도 지체할 수 없었다.

취임 후부터 쉬지 않고 꾸준히 '찾아가는 경청구청장실'을 운영했지만 아직도 모르는 사람이 많고, 선거에 도움 안 된다며 말리는 회의적인 시각도 있다. 취임 첫 날 경청과 소통을 민선8기 모든 구정의 출발점으로 삼겠다는 의지를 밝히고 길로 나섰다. 특정한 시기에 격식을 갖춰 진행해온 기존의 방식에서 벗어나 불편과 어려움을 호소하는 곳이라면 길거리, 공원, 마트, 경로당 등 어디든지 가리지 않고 청장이 직접 찾아가 시민을 만나고 이야기를 듣겠다고 나섰다. 취임 첫날은 수완동 통장단과의 현장 간담회를 자청해 지역 현안과 애로사항을 듣고 진솔하게 대화하는 시간을 가졌다. 담당부서에서도 청장의 의지에 따라 시기, 현안성을 고려해 찾아가는 경청구청장실의 추진계획을 수립하고 실행에 속도를 내었다. 유동인구가 많은 지역, 생활불편, 집단민원 등이 발생한 장소, 현안과 숙원사업 현장 등 상황과 특성에 따라 소통 구청장실, 공감 구청장실, 동행 구청장실로 구분해 주2회 이상 운영을 기본으로 계획을 세웠다.

소통 구청장실은 시민 삶과 밀접한 민생을 중심으로 시간, 장소, 대상을 불문하고 주요 거점을 찾는 게릴라 만남, 현장 체험 등의 형식이다. 공감 구청장실은 지역이슈로 주민소통이 필요한 곳이 대상이다. 온오프라인 창구를 통해 접수된 갈등민원, 숙의 공론화가 필요한 복합안건을 선정해 다양한 의견을 수렴하고 전문가 토론 등이 참여한 타운홀 미팅, 정책토론회 등을 연계해 문제 해결 방안까지 모색하는 것이다.

생활불편 사항, 복합민원, 지역 숙원이나 공약 등과 관련한 지역여론을 수렴해야 하는 경우에는 동행 구청장실을 운영하기로 했다. 동행 구청장실은 공사장 재난 위험시설물 등 현장 점검과 주민과의 대화 등의 형식으로 주민 건의 및 제안사항을 검토하고 정책대안을 마련하는 방식이다.

현장에서 접수된 건의와 민원에 대해서는 처리결과와 향후 대책 등을 시민과 함께 공유하고 관리카드를 작성하는 등 사후관리도 꼼꼼하게 진행하고 있다. 예컨대 접수된 건의나 민원은 반드시 당일이나 다음날 문자를 발송하고 그로부터 2일 이내에 담당팀장이 다시 유선으로 연락을 취한다. 그리고 다시 추진과정을 담당 과장이 직접 설명하고 마지막에는 그 결과에 대해 구청장 명의로 된 문자를 발송하고 있다. 이러한 절차를 밟다보니 시민의 반응이 좋아졌다. "예전에는 민원을 넣어도 함흥차사였는데 지금은 완전히 바뀌어 미안할 정도"라는 말씀을 하시는 분도 있다.

지난 2023년 지역주민을 대상으로 한 설문조사결과, '찾아가는 경청 구청장실'에 대한 만족도가 무려 93%에 이르렀다. 이는 우리 공직자들이 애쓴 덕택이다. 벌써 5천 개가 넘은 민원을 받아왔다. 구청장이라는 사람이 나갔다오면 수십 건의 민원을 가지고 들어오니 미웠을 수도 있겠다. 해야 할 일이 그만큼 늘 수밖에 없으니 슬쩍 미안함도 있다.

하지만 광산구 공직자들은 새로운 광산, 시민을 이롭게 하는 광산을 만들기 위해 낮은 자세로 시민의 목소리를 경청하고 공감과 소통하는 것이 그 무엇보다 우선해야 한다고 생각한다. 시민의 참여와 의사를 존중하고 구정에 반영하는 실질적 주민자치를 구현하기 위해 모두가 발로 뛰고 듣고 있다. 광산구는 지난 2년 동안 민생현장을 찾아 시민과 경청 소통했던 시간 덕택에 많은 변화와 성과를 이룰 수 있었다.

'찾아가는 경청구청장실'을 첫 번째로 결재한 초심을 잃지 않는다면 광산구의 지속발전은 가능하리라 믿는다!

대한민국 최초! '보이는 위원회 회의'

광산구는 현재 123개 위원회가 운영 중이다. '보이는 위원회 회의'를 제안했다. 각 위원회의 회의를 실시간으로, 그리고 투명하게 시민들에게 공개하자는 취지였다.

우선, 각 위원명단과 당일회의 모습과 회의록을 공개하자고 했더니 역시나 우려가 많았다. 당장 새로운 환경에 익숙치 않은 위원들이 참여를 꺼려 위원구성이 되지 않을 것이라는 걱정부터 시작해서 안 되는 이유가 줄줄이 나왔다. 당연한 걱정이며 우려이다. 가보지 않았던 길이니 오죽했겠는가.

그렇다고 포기할 수 없었다. 어렵더라도 불법이나 위법이 아니라면 해보자고 다시 설득에 나섰다. 고맙게도 공직자들이 동의하고 지혜롭게 방안을 모색해 추진하게 되었다. 법에 저촉되지 않거나 위원 개인의 신상과 관련된 게 아니면 전부 공개방침을 우선으로 세웠다. 그동안 비공개로 운영해온 각종 위원회를 공개로 전환하며 123개 위원회 중 110개 위원회 위원의 이름과 직책, 임기, 직업(전문분야) 등 명단까지 공개했다. 앞으로도

'개인정보 이용제공 동의'를 통해 명단공개를 확대할 계획이다. 논의 과정과 결과를 담은 회의록은 위원회 개최 후에 한 달 이내 광산구 홈페이지에 공개하고 있다.

가장 먼저 공개된 위원회는 광산구 생활임금위원회와 산업안전보건위원회. 이 두 위원회는 같은 날 각각 오전과 오후에 나눠서 시민들에게 공개되었다. 이렇게 시작된 위원회 공개는 사실상 대한민국 최초이다. 아마 당분간 어느 지자체나 기관도 쉽게 따라하지 못할 것이라 장담한다. (사실 이해하기 어렵지만)현실적으로 쉽지않은 문제임은 맞다. 하지만 지역현안에 대한 논의가 오고가는 위원회의 회의를 시민들이 알고 있어야 하는 것은 당연한 일이 아닐까.

위원회 회의 모습도 시민들에게 공개하도록 했다. 현재 광산구는 회의 개최 전 일정을 사전 공개하고 있다. 그리고 위원회의 회의 모습을 시민이 볼 수 있도록 실시간 중계하는데, 시민 누구나 개인 컴퓨터나 휴대전화로 광산구 누리집 '광산 live(라이브)'를 통해 이 회의 모습의 실시간 시청이 가능하다.(정보공개-행정정보-위원회공개-실시간 회의보기 https://www.gwangsanlive.kr)

이러한 결정에 대한 시민들의 호응은 매우 뜨겁다.
"휴대폰으로 위원회 회의모습을 볼 수 있어 편하다. 행정에서 공개를 하면 될 것을 왜 이제까지 안했는지 모르겠다. 이제라도 광산구에서 위원회 회의를 전면 공개한 것은 정말 잘한 일이다."

"처음에 위원회 회의모습을 공개한다고 할 때 이해가 되지 않았다. 번
거롭기도 하고. 하지만 위원 명담에서부터 당일회의까지 공개를 하니 위
원회에 참석한 위원 여러분도 발언을 신중하게 하는 것 같아 좋다."
위원회 회의 실시간 보기를 경험한 시민들은 칭찬일색이다.

이러한 위원회 공개는 행정에 대한 시민의 신뢰를 높이고 시민 중심의
행정을 구현하는 중요한 정책 중 하나이다. 이렇게 광산구는 대한민국에
서 가장 투명하고 신뢰받는 행정기관으로 거듭나기 위한 혁신의 첫 발을
내딛었다.

공직문화 혁신은 회의로부터, '지성회의'

광산구의 혁신행정은 회의문화로부터 시작된다.

광산구는 월1회 확대간부 회의를 진행하고 있었다. 일반적으로 그렇듯, 그간 확대간부 회의는 간부들이 돌아가며 현안을 보고를 하고, 이어서 구청장의 훈시 비슷한 말로 끝맺음을 맺었다.

이런 회의는 질색이다.

그동안 이런 형식의 회의는 수없이 많이 봐왔다. 중앙부처는 물론 타 지방자치단체, 거의 모든 공공기관이 이와 유사하게 회의를 한다. 모름지기 회의는 구성원들이 자유롭게 의견을 개진하고 더 나은 결과를 합의하는 과정일진데, 1인을 제외한 구성원 모두가 보고를 하고 결론을 최고 권력자인 1인에게 맡기는 것을 회의라 칭할 수 있을까.

결정하려면서 왜 이렇게 많은 사람을 불렀을까.

이같은 회의를 지켜보며 들었던 회의감이다. 신이 아닌 바에야 완벽함이란 당초부터 기대할 수 없는데 단체장이라는 지위 하나로 독단적으로 결정하는 건 옳지도 좋은 결정이지도 않다.

광산구는 공직자 누구나 민선8기의 가치와 비전을 공유하고 공동의 목표달성과 새로운 구정설계를 지원하기 위해 확대간부회의를 지성회의로 운영하고 있다. 부서별 주요일정이나 업무보고 위주로 진행되던 확대간부회의에 대한 명칭, 장소, 내용, 참여방법을 완전히 바꿨다.

'지성회의'가 그것이다. '지성'은 새로운 상황에 부딪혔을 때 맹목적이거나 본능적인 방법에 의하지 않고 지적인 사고에 근거 과제를 해결하는 성질을 나타낸다. 바뀐 '지(속)성(장)회의'는 공직자의 혁신적인 정책 도출로 지속성장광산의 발판을 마련하겠다는 의미이다.

구정 주요현안은 물론 다양한 의견수렴과 협업이 필요한 업무에 대해 기존 보고식에서 전 직원의 혁신적이고 자유로운 토론으로 바탕으로 참신한 의견을 구정에 반영, 정책을 완성해가는 기반을 마련했다. 기존 회의는 각 부서장과 동장이 60분 동안 업무보고를 하고, 10분 간 구청장의 당부말로 끝났다. 하지만 바뀐 지성회의는 특정부서에서 의제발제를 하면 전직원이 의견 개진을 하는데 50분, 업무공유 10분, 구청장의 당부 10분으로 끝난다. 보고중심의 회의에서 특정의제와 토론중심으로 바꾼 것이다.

회의 방식도 전 직원이 참여할 수 있는 온라인 영상회의 방식을 시도했다. 각 회의당 PC영상회의에 참여하는 직원은 평균 250~300명선이다. 그동안 추진한 토론의제는 광산뮤직페스티벌, 여름철 자연재난 선제적 대응방안, 업무인계인수 개선 방안, 적극행정활성화 방안, 구 홈페이지 개편 의견수렴, 효과적인 공무원교육 추진방안, 2024 시민중심 구정정책 그리고, 불법광고물 근절방안, 내집앞 맨발길 활성화 방안, 함께 고민해보는 민생활력 정책, 지역인재 양성 정주방안, 민선8기 2년의 변화 그리고 앞으로의 과제, 광산구에서 꿈틀거리는 대한민국 복지혁명 등 다양하다.

이 회의에서 나온 아이디어는 정책으로 이어져 많은 성과를 냈다. 자원순환을 주제로 한 회의에서는 일회용품 줄이기 및 다회용품 활성화방안에 대한 직원들의 참신한 아이디어와 열띤 토론이 있었고 민생활력정책의 일환으로 제안된 공직자 점심소풍은 자영업자와 소상공인들에게 호평을 받았다.

구청장 취임 이후 줄곧 혁신을 강조해왔다. 예컨대 조직 내 서열을 없애기 위해 승진과 전보인사를 특정 부서와 무관하게 성과와 기여 중심으로 바꿨다. '적재적소'가 아닌'적소적재'의 인사도 특징 중 하나다. 능력 있고 좋은 공무원이 넘쳐나기에 그런 인재가 필요한 곳이 어디인지부터 찾고 그에 적합한 인사를 하고 있다.

또 비효율적이고 고질화된 단계별 결재시스템도 과감히 개선 중이다. 구상과 실행의 통일성을 높이기 위해 담당자가 기획부터 실행과 책임까지 일관성을 유지할 수 있도록 시스템 변화를 구축중이다. 달라진 회의문화를 이해하면 이러한 시스템으로 변화하는 것이 가능하다는 것을 쉽게 수긍할 수 있을 것이다.

광산구 지성회의는 고정석이 없다. 발제자를 제외하곤 오는 순서대로 앉는 곳이 자기 자리다. 처음에는 회의장 중앙에 구청장 고정좌석이 있었고 탁자에는 떡하니 명패가 올라가 있었다. 외부사람 한 명도 없이 우리끼리 회의를 하는데 구청장 명패가 있는 것부터가 우스웠다. '계급장을 떼고' 하는 토론이 진짜 토론이고 이러한 과정이 혁신임을 강조했다. 이후부터는 바뀌었다. 부서장은 현장발언과 토의를 통한 의견 제시가 가능하고, 회의에 참석하지 못한 직원들은 PC영상회의를 통해 실시간 댓글 참여로 의견을 제시한다.

행정혁신은 일하는 방식의 변화와 조직의 문화를 바꾸는 것에서 시작된다. 공론화가 필요한 의제에 대해 직급과 부서 관계없이 전 공직자가 머리를 맞대고 소통하고 토론하는 열린 조직문화를 바탕으로 시민을 이롭게 하는 것, 이것이 바로 광산구의 혁신행정이다.

기념사와 축사가 없는 광산구

한 도시를 기념하는 행사에서 기념사와 축사가 없는 행사가 있을까? 있다. 작년 광산구민의 날과 광산뮤직온페스티벌, 올해 광산뮤직온페스티벌 진풍경이다.(올해 광산구민의 날은 도래하지 않았다) 광산구는 정치인들의 의전이나 축사를 없애고 시민들의 목소리로 대신하는 색다른 기념행사를 치러 지역에서 큰 주목을 받았다.

어느 기관이나 마찬가지지만 모든 행사에는 기념사와 축사가 빠지지 않는데 어떻게 광산구에서는 상상을 초월하는 이런 일이 있을 수 있었을까. 아주 간단하다. 시민의 입장에서 생각했다. 시민의 입장에서 기념사는 고려의 대상이 아니다. 행사에 참여해본 사람은 알겠지만 정치인의 기념사나 축사를 듣기 위해 오는 시민이 있다는 말을 들어본 적이 없다.

그럼에도 지루하기만 한 기념사와 축사가 길게 꼬리를 무는 건 참석한 정치인의 심기를 불편하지 않게 하기 위해서다. 기념사와 축사는 없다고 하자 담당부서는 또 한 번 뒤집어졌다. 원래 격식을 따지지 않는다는 것은 알고 있지만 이렇게까지 나올 줄은 몰랐다는 황당한 표정이었다. 난

처함과 욕먹는 것은 내 몫이니 걱정하지 말라고 했지만 담당부서 간부는 속으로 얼마나 많은 고충이 있었을지 짐작이 간다. 어쨌든 기념사와 축사를 모두 없애고 대신 어르신과 어린이 대표가 인사말을 했다.

시민 대표로 무대에 오른 유한봉 대한노인회 광산구지회장은 무대에 올라 "지역 어른으로서 경험과 지혜를 줄 수 있는 사람이 돼 모두가 함께 잘 사는 광산의 새로운 발전을 위해 함께 할 것을 약속드린다"고 했고, 어린이 대표 김하윤 학생은 "기념사인 만큼 광산구가 어떤 모습이면 좋을지를 고민했고, 학생 대표로 나온 만큼 친구들의 목소리를 귀 기울여 듣고 반 전체의 공동 노력을 위해 애썼던 경험을 이야기 하겠다"며 "더 나은 변화는 나 하나가 아닌 우리 모두 함께 노력해야 얻을 수 있고, 그것이 옳은 방향으로 발전하는 함께 사는 세상으로 나아가는 길이다. 그 길에 앞장 서는 광산구가 되길 바란다"고 했다. 어떤가. 어느 정치인보다 더 멋진 인사말이다.

과거 동 또는 기관에서 주도하는 행사는 구청장이 올 때까지 행사를 시작하지 못했다. 민선8기에서는 이런 잘못된 관행을 완전히 깨뜨렸다. 아무리 높은 사람이라도 늦으면 늦은 것이지 행사를 늦춰서는 안 된다는 원칙을 세웠다. 지금까지 잘 지켜지고 있는데 재미있는 것은 간혹 내가 조금 일찍 도착하는 경우도 있는데 이럴 땐 사회자가 아무런 것도 하지 않으면서도 시간을 지키기 위해 멍하니 서있는 경우도 있다.

주권자인 시민을 주인으로 섬기는 광산구의 행보는 일관되게 이어지고 있다. 공유센터 개관식에는 오는 순서대로 앉게 하고 인사말도 시민께만 할 수 있도록 배려했더니 일찍 도착한 시민들께서 전부 자리를 차지해버렸다. 시간 맞춰 참석한 정치인들은 인사말조차 하지 못하고 행사가 끝날 때까지 서 있어야 했다. 물론 오분이나 일찍 도착한 나도 서있었다. 우리는 늘 시민을 주인으로 모셔야 한다. 시민이 지속가능한 광산의 미래를 그리고 만들어가는 주인이 되는 구정을 실현하기 위해 지속해서 경청하고 소통할 것이다.

Step up! 광산구청 혁신사례 5

최고 최초가 많은 광산구,
빛나는 광산이 대한민국의 미래를 빛나게 한다

광주 광산구? 혹자는 경기도 광주인가 물어볼 수도 있다. 광주광역시는 서울·부산·대구·인천·대전에 이어 국내 제6위를 차지하는 대도시이며, 호남지방 최대의 도시이다. 2011년 현재 행정구분은 동구, 서구, 남구, 북구, 광산구 5개 자치구가 있다.

광주 광산구도 낯선데, 최고, 최초가 많다면 하면 더 놀라는 이들이 적지 않을 것이다. 조그만 지역이지만, 대한민국 최고, 최초가 많은 내공이 높은 지역이다.

먼저 돌봄과 연대, 나눔과 연대 정신으로 사회복지 체계의 구축 아이디어가 돋보인다. 대한민국 최초이자 유일한 '1313 이웃살핌'으로 이웃이 이웃을 돌보는 돌봄망을 구축해서, 이웃지기 1명에 위기가구 3세대, 위기가구 1세대에 이웃단짝 3명을 매칭한다. 선한기업 후원을 연계해줘 3억3천2백만원, 이웃지기 116명, 이웃단짝 12명 양성, 위기가구 108명을 발굴했다.

플랫폼 기업 (주)당근과 협업에 '일자리'와 '공유공간'을 시민에게 연결해준다. 이 역시 대한민국 최초의 일이다. 대한민국 국민의 40%가 이용하는 민간플랫폼 (주)당근과 협업하여 당근 플랫폼에서 일자리와 공유공간을 시민 누구나 쉽게 신청하고 이용할 수 있도록 하였다.

이동노동자 일터개선 사업으로 관내 카페 달고나 쉼터 운영도 대한민국 최초이자 유일하다. 이동노동자의 휴게 공간은 주근무지가 없으니 당연히 마련되어있지 않고, 그래서 우리는 이동노동자가 길거리에서 쉬는 것을 종종 자주 보았다. 광산구는 이동노동자의 일터개선과 쉼 권리 보장을 위해 과감히 관내 공간을 이동노동자에게 내어주었다.

전국 243개 지자체 중 금고 이자율이 전국 1위(2.85%)로 이자수입이 139억, 전국 평균 1.02% (출처: 나라살림연구소)에 비하면 재정, 살림 운영도 매우 잘한 것이다.

세계고려인연합회 출범식 및 세계인의 날 기념식을 대한민국 최초이자 유일하게 개최했으며, 발달장애인 가족창업「스마트팜 가치만드는소」개소해서 발달장애인 가족 창업지원을 대한민국 최초이자 유일하게 했다.

이렇듯 대한민국 최초이자 유일하게 좋은 일들이 많이 일어나는 광산구이다보니, 살기좋은 광산구라는 입소문이 나서인지는 실증적 인과관계를 밝힐 수는 없지만, 청소년 인구 비중이 20.5%로 전국 1위로 이는 저출생 위기 시대를 맞는 지방자치단체들이 저출생 해법의 힌트를 광산구 사례를 통해서 엿볼 수 있는 대목이다.

호남 최초 외국인 주민 지원 전담부서를 신설해서 외국인 주민이 2022년 2만2천859명에서 2만5천1백8명으로 광주시 외국인의 56.9%가 광산구에서 살고 있으며, 외국인주민 명예통장단을 운영확대하여 현재 12개국 20명의 외국인주민 명예통장단이 활동 중이다.

호남 최대, 광주 최초 36홀 서봉파크골프장을 개장해, 대한파크골자협회가 인증한 명풍구장 인증으로 다수 전국대회를 개최했다.

광주 최고, 최초, 최대, 유일한 영역으로 기준인건비 최근 5년간 5개 자치구 통틀어 역대 최다 60억을 확보(광산구 59.5억, 동구 20.1억, 서구 10.6억, 남구 27억, 북구 19.1억)했다. 광주유일 교육국제화특구로 지정되었고, 교육부 미래교육지구 공모 선정이 되어 미래교육도시로 발돋움하고 있다.

또한 광주 최초로 광산구 지역에너지센터를 2023년 4월 설립해서 시민참여를 통한 에너지 전환 지역 거점 플랫폼, 지역에너지 거버넌스를 구성했다.

1인 가구의 증가로 독고사 문제가 심각해진 가운데, 무연고 사망자 존엄을 위한 공영장례업무협약을 종교단체 등 9개소와 맺어서 웰다잉 시대 무연고 사망자 존엄을 광주 최초로 보장한다.

광산구는 미래 10년의 변화와 혁신 토대를 마련하였다. 어등산 관광단지 개발 논의가 18년만에 복합쇼피몰 단계적 추진이 본격화되었다.

빛그린산단 지정(2009년9월30일) 이후 14년만에 광주 미래차 국가산단 및 소부장 특화단지 지정으로 미래 자동차 산업의 중심 광산으로의 도약, 1974년 소촌동에 위치한 금호타이어가 54년만의 광주공장 이전의 청신호로 나타났다. 금호타이어 광주공장 이전과 광주송정역세권 발전을 위한 범 시민운동 본부가 2023년 11월 13일 출범되었다.

영호남을 1시간 생활권으로 연결하는 달빛철도 특별법 국회 통과(2024년 2월 7일)로 남부 거대경제권 조성의 초석이 마련되었다.

또한 광산교육 생태계이 혁신적인 변화로 광산교육청이 광주서부교육지원청으로 흡수, 통합된 지 38년만에 광산교육지원센터가 설립되었다.

1964년에 위치한 광주군공항이전 및 종전부지 개발 등에 관한 특별법으로 59년만의 통과로 종전부지 개발가능성을 확인하였다.

나오며

• • •

시민참여형 일자리로 지속가능한 발전의 길을!

서두에서 언급하였듯이 이 책의 제목으로 내 건 '이재명'이라고 하는 이름은 단지 현실 정치인인 이재명을 의미하는 것이 아니다. 오늘날 대한민국의 현실을 들여다보면, 윤석열 정부의 실정과 오류는 말할 것도 없지만, 그 대안적인 세력과 움직임 가운데에서도 시대의 중심에 반드시 있어야 할 개혁방안과 접근방식이 두드러지지 않고 있다. 이러한 상황을 개탄하면서 '대유적으로' 내세운 것이 바로 '이재명'이다.

올해 총선을 압승으로 이끈 야당지도자, 차기 대통령 후보로 유력하게 거론되는 이재명과 '우리가 이재명이다'를 외치는 이재명들은, 퇴행하고 있는 한국 사회를 걱정하는 모든 국민들의 희망이어야 한다. 필자는 이 책에서 이재명의 이름 하에서 꼭 필요하다고 생각하지만 잘 발견되지 않고 있는 정책적 화두와 접근방식을 끄집어내어 부분적으로나마 대중들에게 제시했다. 결론적으로 일자리라고 하는 사회적 관계체를 중심에 놓고 우리정치현실의 미흡함을 꼬집고, 그 과제와 대안을 논해 보고자 했다. 그리고 그 중요한 시발점으로서 지역정치와 지역 사회적 대화를 도모하되, '시민참여형 일자리 개혁'이라고 하는 화두를 가지고 전개해야 함을 강조했다.

시민참여형이라고 하는 형용어구는 그간 가히 남발이라고 할 정도로 너무 많이 사용되어 어쩌면 그 어구 자체로는 식상하게 들릴지 모른다. 하지만 이 책에서 강조했듯이 진정한 시민참여의 경로개척과 주체 발굴, 그리고 성과도출은 우리 사회에서 아직 걸음마도 떼지 못했다. 정치는 여전히 시민들의 삶과 필요에 거칠게 대응하고 있고 멀리 떨어져 존재한다. 시민들이 주체가 되고 주인이 되는 공화정의 기본원리는 바닥으로 내려갈수록 공허하게 느껴진다. 정치에서 시민은 여전히 객이요 대상일 뿐이다. 현실이 그러할진대 심지어 기존의 일자리 질서의 구조를 개혁하여 지속가능한 경제를 만들고 그 주체로 시민이 나서게 한다는 기획은 상당히 낯설고 실험적으로 들릴 법한 아이디어일 것이다. 하나 그 낯설고 실험적인 길을 우리가 과감히 나아가야 한국 사회에 미래가 열릴 수 있다고 보기에 부족하고 부끄럽지만 이 책을 세상에 감히 내 놓기로 마음먹었다. 풀밭이 달라지지 않을 거라고 말하는 사람들을 향해 네가 꽃피고 나도 꽃피면 결국 풀밭이 온통 꽃밭이 될 것이라는 시인의 혜안에 용기를 얻어.

사실 어느 시기 어느 지역에서든 인간사회라면, 구성원들이 먹고 사는 문제의 핵심영역이자 원초적 지대인 일자리가 중요한 사회적 주제가 아니었던 적은 거의 없었다. 그것이 누구에 의해 어떠한 식으로 다뤄지고 그려졌는지 만 달랐을 뿐이다. 산업이 경제의 영역이라면 일자리는 사회의 영역이다. 경제와 사회는 뗄 레야 뗄 수 없고 산업과 일자리도 서로 그러하다. 그러한 보편적인 중요성에 더하여 필자는 2024년 현재 대한민국에서 일자리야말로 각별하게 중요한 사회경제적 과제라는 것을, 따라서 그것이야말로 중앙과 지역을 막론하고 우리 정치의 중심에 세워져야 한다는 것을, 강조하고 싶다. 우리의 정치에 일자리를 불러오자(Let's bring jobs back to our politics)! 지금 한국의 현실 정치판에 던지고 싶은 필자의 화두다.

일자리는 노동을 포함하지만 노동으로만 환원되지 않는다. 일자리는 복지를 포함하지만 일자리를 복지로 대체해 접근해서는 안 된다. 일자리는 그저 기업이 추구하는 비즈니스의 파생요소인 것만도 아니다. 정책적으로 그것이 중앙정부의 일로 국한되어서도 안 되며, 단지 규제개혁, 제도개편의 이슈로 머물러서도 안 된다. 일자리는 살아 꿈틀대는 우리네 민초들의 삶과 관계의 심장이다. 그것은 소통과 연대, 나눔과 돌봄의 문제요, 민주주의 문제이자 우리 사회의 질(social quality)의 문제다. 압축성장으로 여기까지 온 이 나라 경제가 이제 지금의 덩치와 기대에 걸맞게 지속가능한 미래를 만들어 가기 위해 가장 중심에 두어야 할 전략지대(strategic zone)다.

지속가능성이 다양한 방식으로 우리의 삶을 위협하는 시대에 대한 응전책도 일자리 개혁에서 찾아야 한다. 저출생, 고령화, 그리고 지역소멸의 문제는 근로시간의 유연한 단축, 그리고 사회임금의 확대를 통해 풀어야 한다. 물론 거기에는 일터민주주의 진작과 혁신의 동력으로서 노동을 바라보는 새로운 컨셉이 동반되어야 한다. 디지털 전환, 탈탄소 전환, 그리고 탈세계화의 도전도 일자리의 구성과 모양을 변화시켜 가면서 대응하는 것이 핵심이다. 그러한 노력은 궁극에 교육 불평등과 양극화의 문제에 대한 해법을 마련하는 것으로 우리를 이끌어 갈 것이다.

일자리는 언제나 노동의 아젠다며 동시에 자본의 아젠다이기도 하다. 그렇기에 일자리는 바로 정치의 아젠다이어야 한다. 일자리는 노동과 복지를 포함하지만, 그것은 혁신과 성장 동력까지 담아야 한다. 문제는 어떻게 삶을 지속케 하는 일자리의 구축이 기업과 산업과 경제를 지속발전하게 하는 것과 함께 맞물려 갈 것인가에 있다. 그것을 향해 끊임없는 소통을 추구하는 것이 바로 정치의 문제요 민주주의의 문제인 것이다. 필자는 그 핵심방법이 바로 사회적 대화임을 이 책에서 여러 차례 강조하였다.

일자리야 말로 이미 우리의 정치에 빼도 박도 못하게 중심이 되어 있어야 한다. 그래서 그것을 향해 날카롭고 치열한 문제의식과 정책경쟁이 중앙과 지역 모두에서 활발히 일어나야 할 때가 바로 지금이다. 그러나 우리가 다들 인정할 수밖에 없듯이 현실은 전혀 그렇지 못하다. 어쩌면 원론적이라고 할 수 있는 이러한 문제제기와 방안제시를 이 시기에 또 다시 꺼내드는 것은 안타까운 일일 수 있으나 그만큼 우리의 현실이 어느 시점에서 발전을 멈춘 상태임을 반증한다.

대한민국 민주화의 성지인 광주를 터전으로 삼아 인생의 대부분을 노동자 등 사회적 약자와 함께 했고 광역지방정부에 들어가 좋은 정치와 행정을 주도적으로 고민한 경험이 있는 필자로서는 지금 우리의 정치에서 바로 이러한 일자리에 대한 섬세하고 입체적인 접근이 화두로 서 있지 못한 것이 그저 안타까울 뿐이다. 그러한 현실은 "나라도 나서서 그것이 우리 사회에 올곧게 세워지고 자리하도록 역할을 해야겠다"고 결심하게 한 강력한 동기부여 기제이기도 하다. 일자리를 중심에 둔 복합전환과 지속가능성을 향한 개혁의 길을 벼리는 세심한 접근의 부재. 바로 우리 시대에 가장 절실한 대안의 구성물에도 그것을 상징하는 이재명들에게도 없는 것이 바로 그것이다.

거듭 강조하지만 그 대안은 바로 시민참여형 일자리 개혁을 통해 지속가능한 발전의 경로를 만들어 내는 것이다. 광산구청에서 2년간 구정을 공직자와 시민과 함께 해온 필자는 이제 이러한 방안을 지역 내에서 구체화해 감과 동시에 전국적 아젠다로 제시하고자 한다. 광산구는 작년 말과 올해 초를 거쳐 반년 간 진행된 전문가 연구용역을 통해 시민참여형 일자리 개혁의 방안을 도출해냈고, 올 여름부터 본격적으로 그 발걸음을 내딛는다. 한때 광주형 일자리에 주목하며 광주를 바라보았던 대한민국은 이제 시대의 대안을 바로 광산구가 나아가는 길을 바라보며 찾아줄 것을 감히 요청한다. 광산구가 선도에 설 테니 다른 지역들, 기업들, 그리고 중앙정부까지 이 길을 적극적으로 벤치마킹하고 동참해주길 바란다. 애당초 광주형 일자리도 광주에서 필자가 제안하고 행정과 전문가, 노사와 시민들이 주도하여 추진해 갔던 방안을 중앙정부에서 받아 안아 실현시킨 바 있다.

특정한 개혁방안을 콕 집어서 내세울 여지도 얼마든지 있다. 하지만 광산구는 그렇게 하지 않을 것이다. 오히려 1년간 시민들의 깊은 참여를 통해 일자리의 수요자인 시민들이 원하는 바, 기대하는 바, 수용가능 한 바가 무엇인지 스스로 묻고 답을 찾게 하는 과정을 거쳐서 방안을 정립할 것이다. 내 삶의 주인이라는 것은 내 일자리의 주인이라는 것이요, 그 일자리를 디자인하는 데에 스스로 주인이 되어야 함을 의미한다. 물론 수요자들의 요구대로 현실이 그대로 실현될 리는 없다. 공급자인 사용자들과 수주제공자들의 필요나 역량과도 부합해야 할 것이다. 그렇기에 필요한 것이 바로 사회적 대화와 신뢰자본의 축적이다.

산업화 60년, 민주화 30년의 역사를 만들어 오는 동안 우리는 단 한 번도 다양한 시민들로 하여금 먼저 어떠한 일자리를 필요로 하는지에 대해서 섬세하게 묻게 하고 답을 찾게 한 적이 없다. 어쩌면 먹고 사는 것이 급급해서 그리고 민주주의의 보다 원론적인 영역에서의 조치들이 필요해서 그러했을 수 있다. 하지만 이제 선진경제요 민주공화정을 내세우는 대한민국의 국민들과 시민들은 스스로 자신들이 원하는 일자리에 대해 목소리를 내고 일자리 개혁의 주체로 나설 필요가 있다. 그것이야 말로 우리 사회 성숙의 핵심적인 과제이고 민주주의 발전, 사회발전, 나아가 지속가능한 경제 구현의 고갱일 것이다.

부디 이 책이 필자와 유사한 고민을 해 온 이들에게 새로운 도전의식을 벼리게 하고, 그러한 고민을 덮거나 도외시해 온 이들에게 새로운 자극이 되길 바란다. 그리고 무엇보다 지금부터 시작해서 1년간 그리고 그 이후 본격적으로 전개되어질 광주광역시 광산구에서의 시민참여형 일자리 개혁을 향한 사회적 대화의 시도와 그를 통한 지속가능한 발전의 길의 구축에 친구가 되어주길 정중히 요청한다. 그러한 의미에서 이 책은 한국의 퇴행하는 민주주의의 물꼬를 되틀려는 의지를 지닌 필자의 출사표다. 끝까지 읽어 준 독자들과 이 책이 나올 수 있도록 동지적 애정으로 함께해주신 광산구 공직자와 시민 여러분께 감사드린다.

2024년 7월 1일
저자 박병규

참고문헌

• • •

광산구청(2022) 광산구 통계연보

광산구 〈지속가능 일자리특구 조성을 위한 연구 용역 보고서〉 (2024)

경제사회발전노사정위원회(2015). 노동 4.0 녹서 번역본, p. 33-35

남유선 · 김인숙(2015), 독일의 개방형 의사소통 시스템 '플랫폼'-독일 제4차 산업혁
　　　명을 중심으로, 독일언어문학회, 독일언어문학 제70집(2015.12), p. 47-66

노사발전재단(2023), 2023년 일터혁신 실태조사 연구, 노사발전재단

박명준(2022), 광주형 일자리에서 지속가능성장 경제특구로...왜? 어떻게?. 지속가능
　　　성장 경제특구 정책포럼 (2022.11.25 광산구청) 7-16쪽.

신태중 · 김주일 · 김종진 · 조양호 등(2020), 일하는 서울시민 참여 플랫폼 운영방안
　　　연구, 서울노동권익센터, 연구보고서 2020-04.

한국노동연구원(2018), 혁신적 포용성장을 위한 사회적 대화전략:노동시장활성화
　　　전략을 중심으로, 경제 · 인문사회연구회 협동연구총서 18-36-01, p157-184

한국과학기술기획평가원(2018), 과학기술 & ICT 정책 · 기술 동향, no. 130, 2018.11.
　　　9., p5.

한국지역경제학회(2014), 시 · 군 · 구 지역내총생산(GRDP) 추계 및 활용방안

황수경 · 은재호 · 박재근(2020), 공공선택에서 공론화의 역할 및 효과 연구, KDI 연구보고서 2020-02.

Alvaredo, F., L. Chancel, T. Piketty, E. Saez, and G. Zucman. 2018. World Inequality Report 2018. Cambridge, MA: Harvard University Press.

Atkinson, A. B. 2015. Inequality. What Can be Done? Cambridge, MA: Harvard University Press.

Chancel, L., T. Piketty, E. Saez, G. Zucman, et al. 2022. World Inequality Report 2022. Paris: World Inequality Lab.

Goos, M., E. Rademakers, A. Salomons, and M. Vandeweyer. 2022. "Job Polarization: Its History, An Intuitive Framework and Some Empirical Evidence". In The Oxford Handbook of Job Quality, edited by C. Warhurst, C. Mathieu, and R.E. Dwyer, 169-202. Oxford: Oxford University Press.

Gu, Y., and Z. Wang. 2022. "Income Inequality and Global Political Polarization: The Economic Origin of Political Polarization in the World". Journal of Chinese Political Science 27(2): 375 - 398.

ILO(International Labour Organization). 2015. The Future of Work Centenary Initiative. Report of the Director-General, International Labour Conference, 104th Session. Geneva: ILO.

─────. 2020b. Global Wage Report 2020/21. Wages and Minimum Wages in the Time of COVID-19. Geneva: ILO.

─────. 2021e. World Employment and Social Outlook: Trends 2021. Geneva: ILO.

Indonesia, Mexico, Peru and South Africa". Journal of Globalization and Development 7(1): 17 - 60.

IPS(2006), IPS National Competetitiveness Research 2006 Report, Seoul, Korea.

Jangsoo Ryu(2005), 'Governance System of Regional Employment and Human Resources Development in Korea', International Conference on Training Strategies for Regional Competitiveness and Inclusion through Employment, KLI-OECD

Japan Center for Economic Resrarch(2006), Potential Competetitiveness Ranking 2005.

Kenworthy, Lane & Kittel, Bernard(2003), "Indicators of Social Dialogue: Concepts and Measurements, Working Paper No. 5, ILO Policy Integration Department.

Kenworthy, Lane(1995), In Search of National Economic Success: Balancing Competition and Coorporation, Thousand Oaks, CA: Sage.

Kuruvilla, Sarosh(2003), Social Dialogue for Decent Work, ILO International Institute for Labour Studies Discussion Paper 149.

Lustig, N. 2016. "Inequality and Fiscal Redistribution in Middle Income Countries: Brazil, Chile, Colombia,

Mahler, D.G., N. Yonzan, and C. Lakner. 2022. "The Impact of COVID-19 on Global Inequality and Poverty", World Bank Policy Research Working Paper 10198.

OECD(Organisation for Economic Co-operation and Development). 2022. Temporary employment(indicator). doi: 10.1787/75589b8a-en. Accessed 8 October 2022.

OECD(2005), Local governance and the drivers of growth, OECD publications.

OECD(2003). Managing decentralization: A new role for labor market policy, OECD publications.

OECD(2004a) "Evaluating Local Economic and Employment Development-

How to Assess What Works among Programmes and Policies", OECD
  Paris.

OECD(2004b), "New Forms of Governance for Economic Development",
  OECD, Paris.

OECD(2007), 'Enhancing the capacity of partnerships to influence policy',
  Seminar material for OECD LEED forum on partnerships and local
  governance.

OECD, 2011, OECD Regions at a Glance 2011, OECD : Paris.

Piketty, T. 2014. Capital in the Twenty-first Century. Cambridge, MA:
  Belknap Press.

Pontusson, Jonas(2000), "Labor Market Institutions and Wage Distribution"
  in Iverson et al. (eds) Unions, Employers, and Central Banks:
  Macroeconomic Coordination and Institutional Change in Social Market
  Economy, Cambridge Univ. Press.

Solt, F. 2020. "Measuring Income Inequality across Countries and Over
  Time: The Standardized World Income Inequality Database". Social
  Science Quarterly 101(3): 1183 - 1199. SWIID version 9.3, June 2022.

Source : http://www.oecdwash.org/DATA/online.htm

홈페이지

Der Dialogprozess: doku.bmas.de/der-dialogprozess#68900 (검색: 2024.1.18)

일자리위원회 홈페이지:http://webarchives.pa.go.kr/19th/sangsaeng.jobs.go.kr/ (검색: 2024.01.22.)

산업통상자원부 지방주도형 투자일자리 홈페이지: https://motie.go.kr/sang saeng/usr/com/index.do (검색: 2024.01.22.)

통계청, 지역소득

국가통계포털 전국사업체조사(https://kosis.kr/index/index.do 다운로드 2023년 7월 9일)

한국산업단지공단, 전국산업단지현황통계 이용 직접 작성. (다운로드 2023년 7월 8일)

한국산업단지공단, 산업단지현황지도. (다운로드 2023년 7월 8일)

통계청 지역별고용조사(https://mdis.kostat.go.kr/ 다운로드 2023년 7월 9일) 원자료

통계청 주민등록인구현황과 행정안전부 주민등록 인구 및 세대현황(https://jumin. mois.go.kr/다운로드 2023년 7월 12일)

통계청 국가통계포털(다운로드 2023년 7월 12일) 국내인구이동통계 이용

2021년도 광주광역시 사회조사 원자료 이용 계산

2022년 광주광역시 일자리인식실태조사(만19~64세 가구원이 조사 대상)

보도자료

고용노동부(2022), 고용노동부-과학기술정보통신부 「디지털 기반 안전일터 조성 업무협약」체결 (고용노동부 보도자료 2022월 11월 21일)

이투뉴스(2023년 11월 16일), 평택산단에 지붕태양광 설치 삼성전자 RE100용으로 공급, https://www.e2news.com/news/articleView.html?idxno=302992

재생에너지(2023년 7월 20일), 포항 '지붕형 태양광 프로젝트' 출발... 폐기물 환경적 영향 주의, https://www.energyfn.co.kr/news/article View.html?idxno=21162

전라일보(2023년 11월 26일), 나주시 5000억원 규모 산단 지붕형 태양광 사업 협약, https://www.jeollailbo.com/news/articleView.html? idxno=712523

한국산업인력공단(2024), 한국산업단지공단, 2024년 스마트그린산단 통합관제센터 구축사업 설명회 개최. (보도자료. 2024년 2월 20일)

한국노동연구원(2023), 임금근로자 근로시간 현황. (보도자료. 2023년 3월 21일)

이재명에게 없는 것들
: 윤석렬 이후를 생각한다

초판 1쇄 인쇄일 2024년 7월 5일
초판 1쇄 발행일 2024년 7월 7일
저자 박병규
펴낸이 장성순
책임편집 장현주
마케팅 장세화, 오성태
디자인 박마리아
펴낸곳 해피스토리

주소 서울특별시 마포구 월드컵북로207, 근녕빌딩 302호
전화 02-730-8337 / **팩스** 02-730-8332 / **이메일** happistory12@naver.com
출판등록 2006년 12월 6일 제300-2006-174호
홈페이지 http://www.happistory.com

당신의 이야기가 곧 역사입니다.